シミ・ニキビ・肝斑・アレルギー肌・アトピー性皮膚炎

何をやってもダメだった
肌がよみがえる

美肌理論

岩永恵琴
GINZA美肌改善研究所 代表

はじめに　――つらい肌トラブルに悩む女性へのメッセージ――

多くの人が深刻な肌トラブルに悩み、その悩みを解消するために、多くの「時間」と「お金」と「気力」を費やしています。しかし、多くの時間を割き、お金をかけ、エネルギーを注いでも、悩みが消えないどころか、どんどん肌トラブルが進行していく人が少なくありません。

この本を手に取られたあなたも、そんな悩みを抱えている一人かもしれません。

私は40年以上、肌トラブルを持つ人たちの悩みと関わってきました。そして、私の施術を求めて、多くの人たちが国内外からサロンに足を運んでくださっています。

ところが、この10年くらいで、お客様の肌トラブルが「難治性」に変わってきていることを実感しています。それは、従来の施術では十分な結果が出なくなってきた、ということです。

ですから、私自身も従来の施術方法にとらわれることなく、現代人特有の肌トラブルを改善するために、オリジナルの施術に取り組むようになりました。

肌トラブルを起こす要因と悪化させる要因は、私たちの内外に溢れています。心身に大きな負担をかける「有害物質」や「ストレス」もその一つです。逆にいえば、そのような要因を避ける生活を送ることで、特別な治療を受けなくても解決できる肌トラブルがあることを知っていただきたいと思います。

肌トラブルを根本から治すためには、あなたの身体（肌）が何を欲しているのかに気づくことが大切です。どんな化粧品を使い、どんなケアをすれば「肌細胞が喜ぶのか」ということを知らなければなりません。

体質が人それぞれ異なるように、「肌細胞が喜ぶこと」も人それぞれで違います。ですから、誰にでも当てはまる原則を本書で知ったうえで、あなた自身の肌には何がよくて何が悪いかを見極めてください。よいことを実践し、悪いことを避けてください。そうすれば、あなたの肌は確実によい方向に向かうはずです。

そのためには、日頃の心がけと日々の努力も必要になるかもしれません。なぜなら、肌トラブルを悪化させる原因の多くは、生活環境や習慣にあるからです。

知識を身につけ、賢い選択をして、肌トラブルを解消しましょう。本書があなたの心身の健康の一助になることを、心から願っています。

2021年9月

GINZA美肌改善研究所 代表
岩永恵琴

Contents

第1章 増えてきた「難治性」の肌トラブルの実態

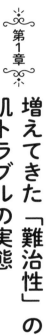

Contents

第3章

難治性でも改善する「岩永式美肌メソッド」

Contents

第4章

根本的な改善には「意識改革」も必要です

Contents

序章

肌が劇的に改善した女性たち

深刻な悩みがウソのように消えた！

肌トラブルで失うもの

シミ、シワ、たるみ、ニキビ、ニキビ跡、くすみ、毛穴の開き、ソバカス、ザラつき、敏感肌、乾燥肌、赤ら顔、むくみ……このような肌のトラブルを抱えるたくさんの女性が私のサロンを訪れます。

その中には、私のところに来る前に市販薬を使い続け、さらに皮膚科にかかり、それでもよくならなかったばかりでなく、どんどん悪化していったという人も少なくありません。当然ですが、その人たちは薬と治療のために多くのお金と時間と気力を使ってきたはずです。

そういう人の多くは、長年にわたるその肌トラブルのために深く悩み、そのために人生に前向きになれずにいました。つらい肌トラブルに悩む人は、お金も時間も費やしたあげく、気持ちのエネルギーまで失っていきます。仕事もできないほどの状態になってから来る人もいます。

肌トラブルが劇的に改善した事例

そんな深刻な肌トラブルを抱えた人が、私のサロンに足を運ばれるのです。
そんな人たちの中から、９人の事例をご紹介しましょう（17～24ページ参照）。
その人たちの写真をご覧になれば、劇的な変貌に驚かれることと思います。

ご紹介する人はすべて、深刻な肌トラブルに悩み、紆余曲折を経て、私のサロンに足を運ばれた人たちです。私はお一人おひとりの肌をよく見たうえで、詳しく話を聞き、肌トラブルの原因を探り出します。原因は、もともとの体質から仕事の環境、生活習慣までが複雑に絡み合っていることがほとんどです。しかも、クリニックを何軒も回って薬づけになっている人も少なくありません。そういう人たちが、私のところで施術を受け、私のアドバイスを守った生活を送ることで、どんどんトラブルを解消しています。

Case

1

肝斑で医師からも見放されたAさん

営業職で外歩きをしながら、2人のお子さんを育てているシングルマザーのAさん。人と会う仕事ですが、両頬に濃いシミがあることで、いつも相手の視線が気になり、ずっと悩んでいました。一時は営業職を辞めようとまで思いつめていたといいます。

病院で診察を受けたところ、「肝斑《かんぱん》（主に女性ホルモンの乱れが原因でできる、両頬に左右対称に現れる薄茶色のシミ）と診断され、「改善は難しい」と言われました。大量の飲み薬を処方されましたが、薬の効き目を感じられず、1カ月で中断。趣味のテニスで陽差しを浴び続けているせいか、シミはますますひどくなっていきました。

思いあまって私のところに来られたのは、肝斑と診断された5年後で、Aさんは40代前半になっていました。とてもきれいな顔立ちですが、両頬には色の濃い稲妻のような大きなシミ、そして頬の赤みが目立っていました。

私が見ると、肌の乾燥がひどく、紫外線による偽肝斑、肝斑、日光性色素斑、ADM（後天性真皮メラノサイトーシス）などが認められました。

カウンセリングの結果、シミの原因は紫外線、それに子宮系の持病によるホルモンバランスの乱れ、さらに睡眠不足と判断しました。

そこで、サロンで入念なスキンケアをするほか、生活指導をし、さらにメンタルケアも行いました。初めは積極的に施術し、1年間足らずですっかりシミは取れました。その後は水素を加え、ストレスを緩和し、再発することなく美肌をキープしています。

Aさんは、「正直、ここまできれいになれるとは思いませんでした」と語ります。今では素肌をほめられることも珍しくないそうです。

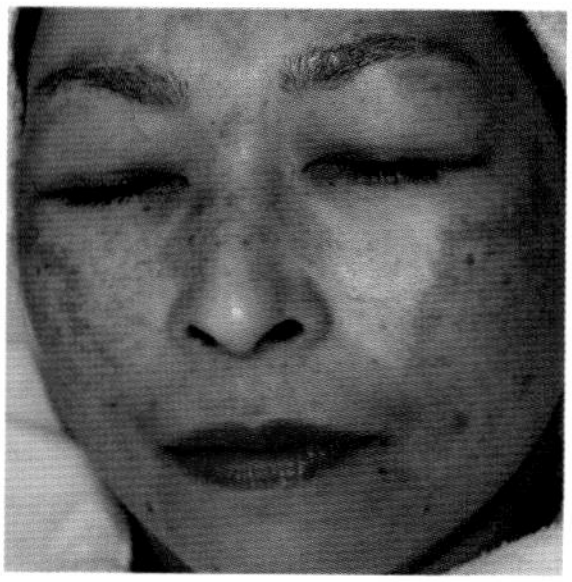

来所当時

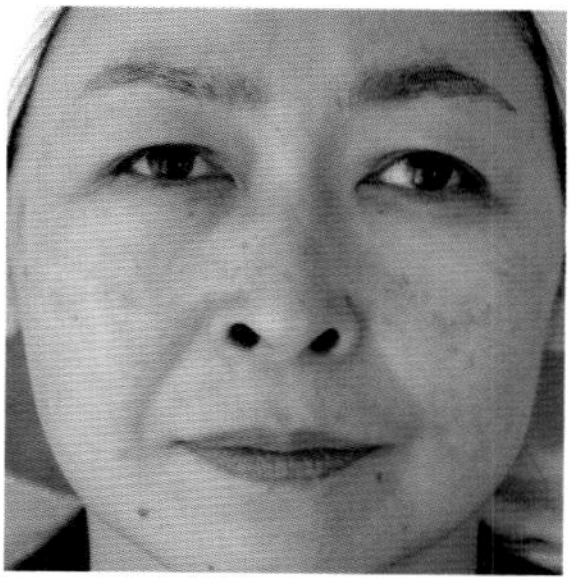

1年後

Case

2

家族に素肌を見せたことが一度もなかったTさん

Tさんが私のところに来られたのは、60代になってからでした。

若い頃から、頬の赤み、化粧焼け（肌についた油分が、紫外線などの影響で酸化する現象）、目の下のくまに悩み、家族にすら素肌を見せないように努めてきました。朝はご主人よりも早く起きて、まずメイクをしてから雨戸を開ける。家族と温泉に行っても、メイクをしたまま入浴する、といった具合です。

素肌を見せないようにするわけですから、自然に化粧は濃くなり、化粧焼けがますますひどくなり、それを隠すために化粧はさらに濃くなり……まさに悪循環そのものでした。

シミは日光に当たると、どんどん深くなるものです。通常は真皮の上の層にあるのに、日光に当たり続けることで真皮まで浸透し、通常では取れなくなります。

Tさんは、まさにその状態でした。

すでに60歳を超えておられたので、活性成分の濃度を上げ、ターンオーバー（肌細胞の入れ替わり）を円滑にする方針にしました。自宅でのケア用品についても、使い方を厳密に守っていただきました。

とてもまじめなTさんは、注意事項を几帳面に守り、サロンのケアもきちんとペースを守って受けられたので、改善は早かったです。10カ月後にはシミがなくなり、まるで、むきたての卵のような肌になりました。

「先の見えている、これからの人生に光が射してきました。老いてからの人生もいろいろな意味でプラス思考に考えられるようになりました。なにより〝素顔の時間〟を持てるようになったのがうれしいです。周囲にいる同年代の人と比較にならないほど、シミもシワも消えて、若い肌になりました。朝、スッピンで雨戸を開けて、外の空気を吸う気持ちよさを味わっています」（Tさん）

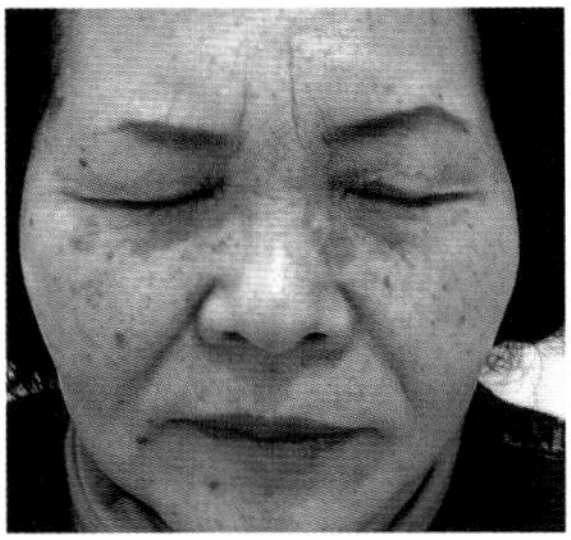

来所当時

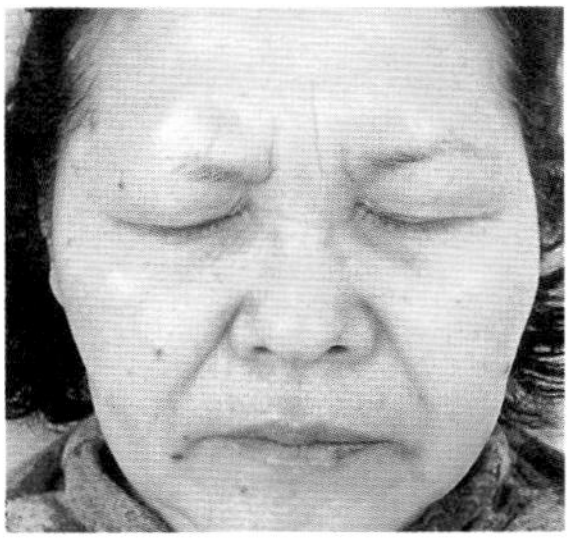

10カ月後

Case

3

皮膚科のレーザーで赤い炎症が定着したYさん

Yさんは顔のリフトアップのために、皮膚科でコラーゲンを増やすレーザー治療を受けました。ところがその後、シミができ、同じ皮膚科で治療したところ、少ししてからケロイド状態になり、私のところに来たのでした。そのときYさんは47歳でした。

私が見たところ、Yさんの皮膚はかなり薄く、頬にはクーパーローズ（毛細血管拡張症）が見えていました。そして、両頬にある丸い大きなアザのようなシミが、赤みを帯びて目立っていました。

Yさんのシミが定着してしまった原因は明らかでした。皮膚がかなり薄いのにレーザー治療を受け、さらに屋外のイベントで紫外線に当たって日焼けをしたことで、やけど状態になったのです。

Yさんのように、血管が見えるくらい薄くて弱い肌には、絶対にレーザーを当ててはいけません。通常より強いダメージを与えることになり、炎症を起こします。もともと弱い肌質だったところにレーザーを当て、外の紫外線にもさらされて……悪い状態のところにさらに悪い要因が重なったケースでした。

私は最初、特殊な水で鎮静しながら、ケアを施しました。そして途中から抗酸化作用のある「水素療法」(後述)も加えたことで、1カ月くらいですっかりきれいになりました。

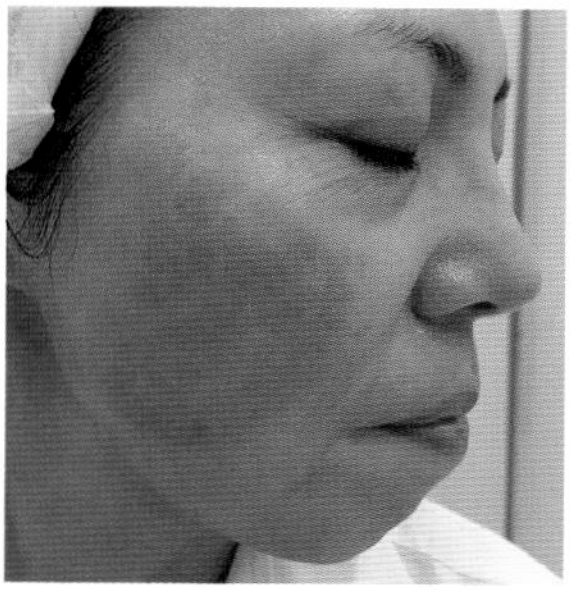

来所当時

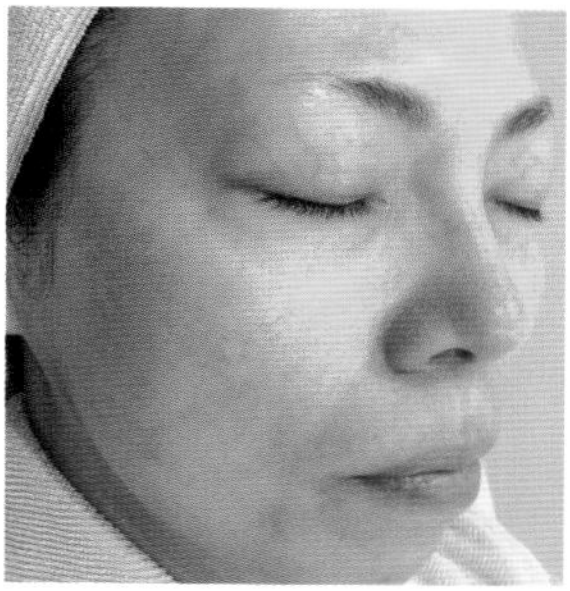

1カ月後

Case

4

見知らぬ人から「ひどい顔だね」と言われたNさん

中学生の頃から顔中にニキビができ、あちこちの皮膚科に行ったにもかかわらず、全然改善しなかったNさん。20歳のときに、私のところに来ました。

もともとアレルギー体質で、身体中のかゆみがとまらず、炎症ニキビには痛みがありました。とくにひどくなったのは、イタリアンレストランの厨房で働きだしてからでした。炒め物の油が顔にはね、高温の熱気の中に一日中いるため、肌がベタベタして、悪化したニキビから出血することもありました。皿洗いもやっていたので、強い洗剤によるアレルギーも起こしていました。

そんな劣悪な環境にいれば、アレルギー体質が悪化し、ニキビが出ても不思議ではありません。

「通りすがりの知らない人から『ひどい顔だね』と言われたことも……」

そう語ったNさんは、最初は顔を上げようともせず、髪の毛で隠していました。

その顔には赤いブツブツが一面にできていて、とてもかわいそうでした。ひどい炎症を起こし、毛穴が詰まっており、ホルモンバランスの崩れも見られました。

レストランで使う洗剤は、油汚れの落ちがよいだけに、皮膚の脂も落としてしまいます。Nさんの手は皮膚バリアが低下し、いろいろな刺激を受けやすい状態でした。

私はサロンでのケアのほか、生活習慣も指導しました。食事や睡眠の取り方から、便通の習慣まで、悪い生活習慣をすべて避けてもらい、よい習慣を身につけてもらったのです。

その結果、少しずつ炎症が取れて、肌はツルツルになっていき、4カ月後には劇的に変わっていました。すっかりきれいになったのです。

肌に光沢があるのは、細胞が元気になった証拠です。

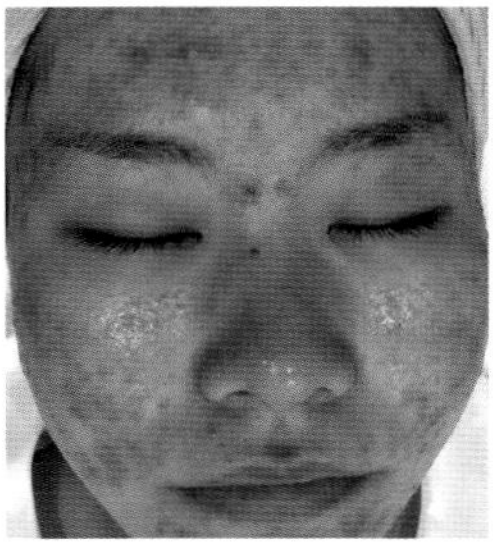

来所当時

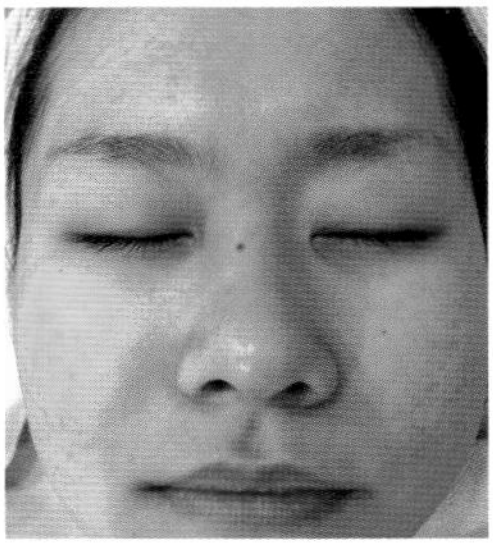

4カ月後

Case

5

退職を迫られるほどの アレルギーだったMさん

Mさんは国際線航空機の客室乗務員。激務のせいか強いストレスが続いて、ひどい肌荒れを起こしていました。クリニックに行って、毎週のようにステロイド注射を打ち、薬も飲んでいた期間が3年。症状は、治ってはまた出るの繰り返しでした。その間、ずっと頑張ってフライトをこなしていたのですが、炎症を起こした顔の赤みは消えず、傷だらけ。唇は腫れ、かゆみと痛みのために夜も眠れないほどでした。仕事を続ける自信も失い、思いあまって私のところに来たのは26歳のときでした。

特殊な水と水素を使ってケアしたところ、若かったこともあり、施術の成果はすぐに出ました。炎症が治まり、むくみが取れて、1週間後には、とてもきれいになりました。もちろん、退職することもありませんでした。

来所当時

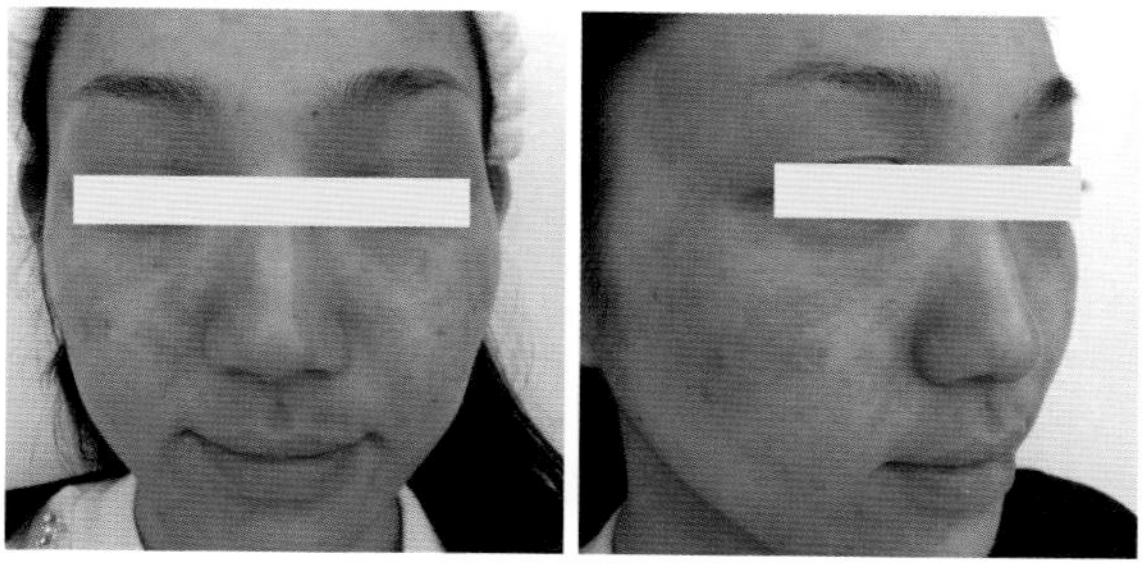

1週間後

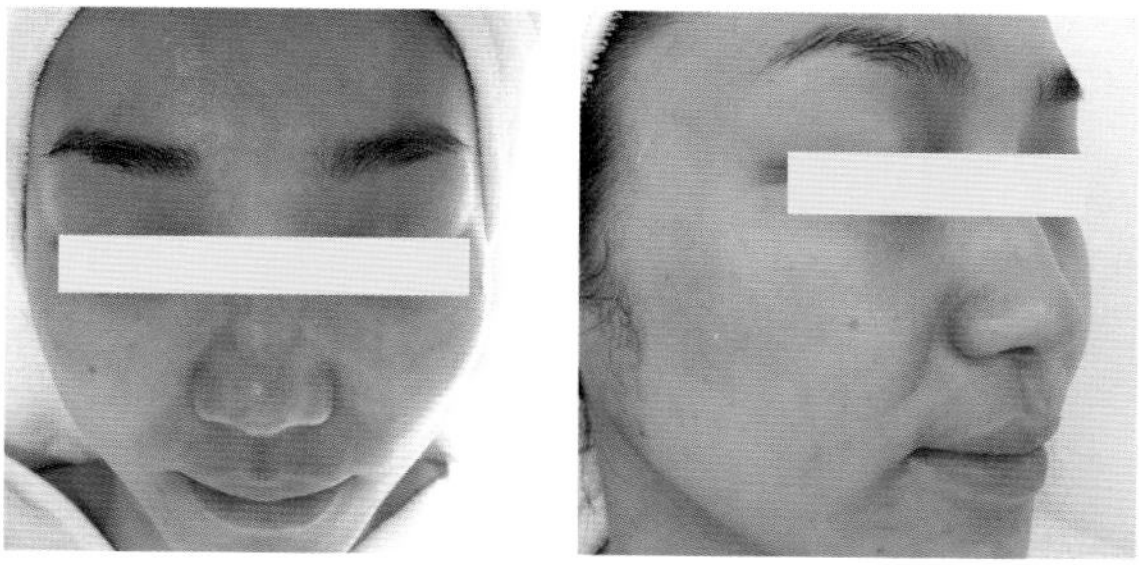

Case

6

ケロイドのような首筋で薬も効かなくなっていたRさん

全身にアレルギー症状が現れて、32歳のときに私のところに来たRさんは、もともとアレルギー体質でした。

アレルギー体質の人は、何かでスイッチが入ると、さまざまな刺激に過敏な反応が出がちです。Rさんも首筋にケロイドが生じ、手はむくんで指先が太くなりました。

ずっとステロイド剤をつけていたのですが、それも効かなくなり、より強い薬に替えていく、という悪循環を繰り返していました。

そこで私は「水素療法」(後述)を積極的に取り入れました。アレルギーは体内で炎症を起こしている状態なので、水素の抗炎症作用が有効なのです。

合成添加物など身体に悪い食べ物を避けてもらうなど、生活習慣にも気をつけてもらいました。

その結果、10日ほどで治り、その後も数年間、アレルギー症状は出ていません。肌の白さが違ってきて、もちろんステロイド剤は不要となりました。

来所当時

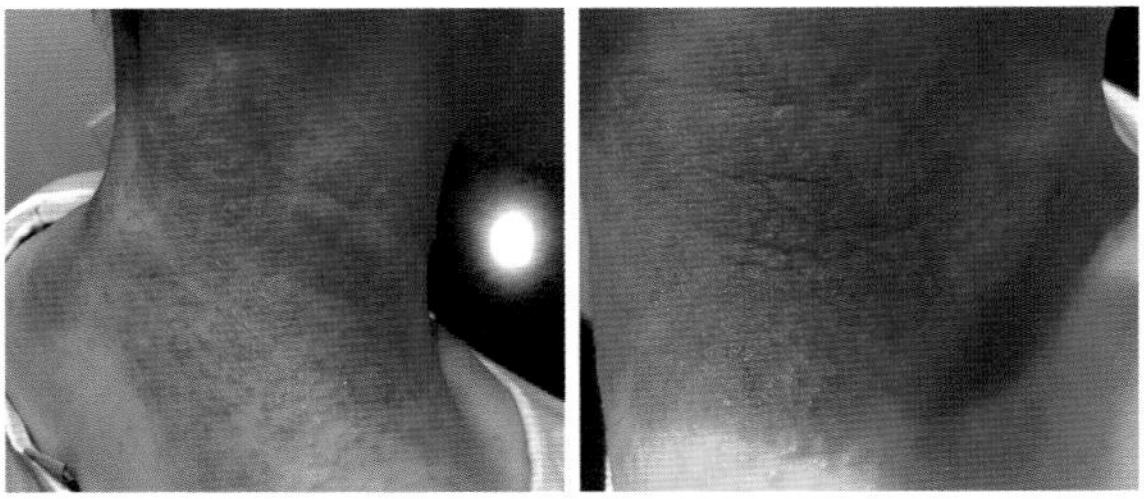

1週間後

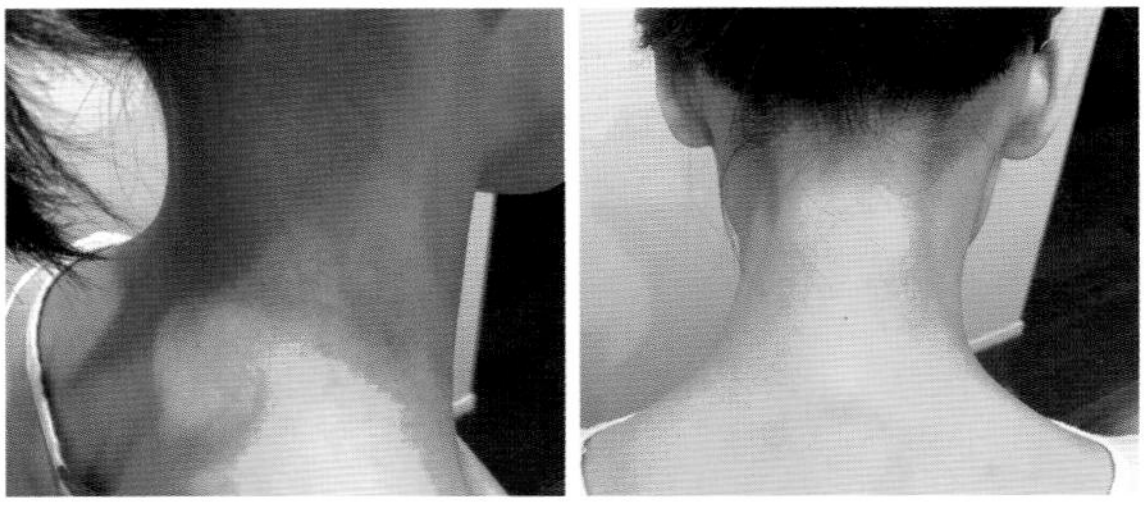

Case

7

先天性のソバカスを日焼けでごまかしていたOさん

物心がついた頃から、ソバカスが悩みの種だったOさん。しかし、ご家族にも同じようなソバカスがあったので、すっかりあきらめていました。そして、ソバカスを目立たせないために、もともとは色白だった肌を、わざと日焼けさせてカモフラージュしていたのです。

「雀卵斑」という、日光の刺激をとても受けるソバカスがあります。Oさん一家は、とても扱いが難しい先天性の「再発性雀卵斑」の持ち主でした。施術で取れても、紫外線に当たるとすぐに再発してしまうのです。

Oさんが初めて私のところに来たのは29歳のときでした。3軒のクリニックに行った後でしたが、ソバカスは取れず、そのせいか、少し暗い印象がありました。

見ると、全部のソバカスが先天性の雀卵斑ではなく、わざと日焼けしたことで増えた色素もありました。日光は肌に均一に当たるわけではありません。色素のあるところに集中して入り込むため、日焼けを続けていては、ソバカスは悪化するばかりです。

2週間に1回サロンケアを受け、自宅でもきちんとケアをした結果、半年が過ぎた頃には、ソバカスなどまったく見えない透明な素肌になり、とても明るい表情になりました。以前はソバカスをごまかすためにファンデーションの厚塗りが欠かせませんでしたが、そんな必要もなくなりました。

Oさんのようなケースでは、もともとソバカスのない、日焼けしていたところから薄くなっていくので、施術の初期には逆にソバカスは目立っていきます。それでも1カ月くらいして周囲の人から「肌が違う」と言われるようになったOさんはやる気がアップし、速度を速めて効果が出てきました。本人のやる気が相乗的に効いた例でした。

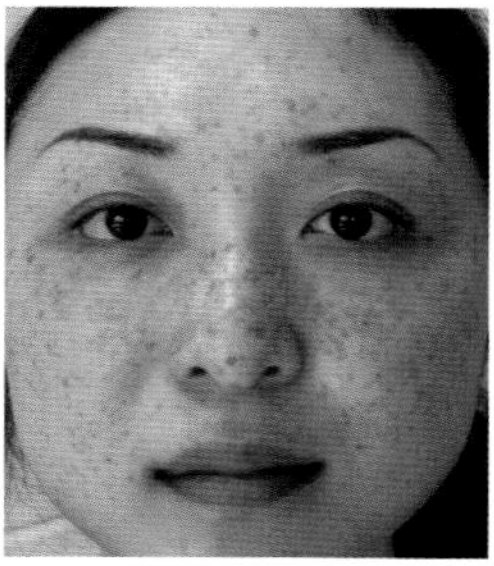

来所当時

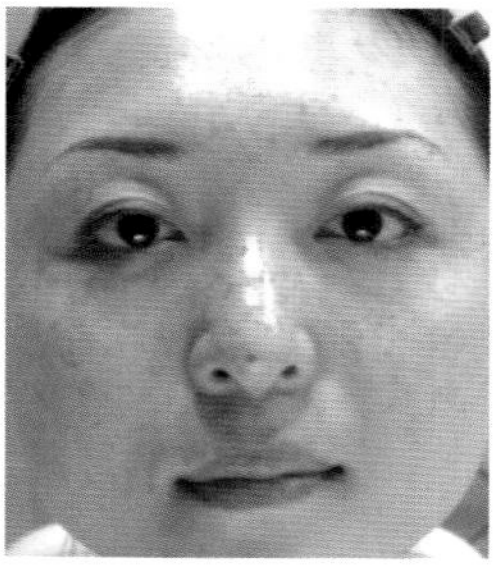

半年後

Case

8

一度のピーリングでニキビのスイッチが入ってしまったYさん

Yさんの肌が荒れたのは、「ハーブピーリング」をした後でした。少しの刺激でもボコボコとニキビが出続け、引かない状態になっていました。水素とプラセンタを使ったケアで3カ月かけて滑らかな安定した肌になったのですが、ピーリングの恐ろしさをよく表した症例だといえるでしょう。

※ピーリングについては61ページ参照

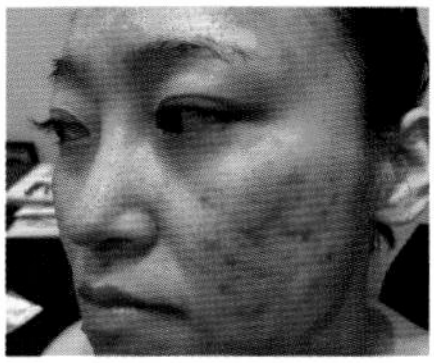

来所当時

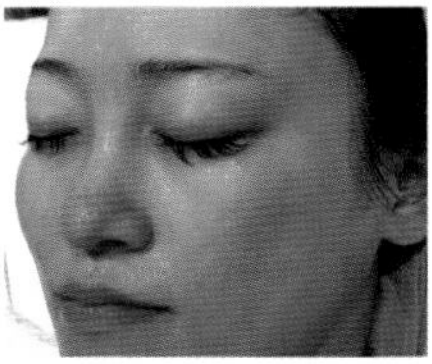

3カ月後

Case

9

いろいろな美容方法でよくならなかったKさん

これまでいろいろされても、肌の状態が改善されなかったKさん。私のサロンに来て、サロンでの専門的なケアのほか、アドバイスしたご自宅での改善方法を厳守し、ご本人の努力が実り、2カ月でここまで状態が改善しました。

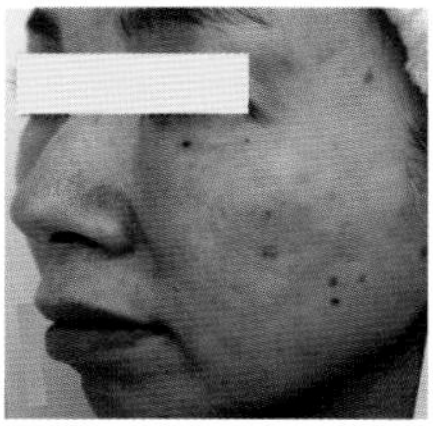

来所当時

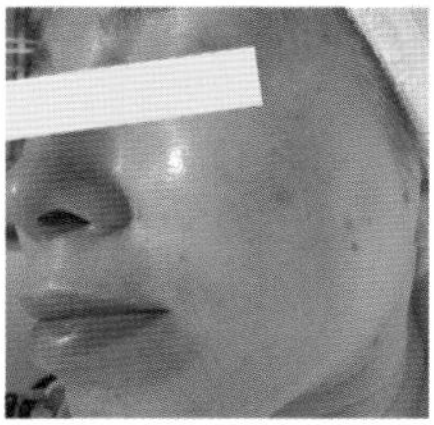

サロンケアを2カ月受けた後

第1章

増えてきた「難治性」の肌トラブルの実態

この10年間で悪化したもの

自然治癒力が落ちている

序章で紹介したような、深刻な肌トラブルと40年以上関わってきた私ですが、この10年間くらいで肌トラブルの様相が変わってきたことを実感しています。多くの人の肌質が変わって、「難治性」の肌トラブルを抱える人が増えたのです。最近では10人中1人くらいは難治性の肌トラブルです。

難治性の肌トラブルが増えている背景には、内的要因と外的要因の両方があります。

たとえば以前のニキビは、何かの要因で皮脂分泌が活発になったにもかかわらず、皮脂が肌の外に出られずに詰まってしまい、そこに「悪い菌」が発生して化膿して……という流れでした。ですから、菌のバランスを整えるといった施術で効果があったのですが、最近は、そこを施術すると逆に悪化する人が増えています。おそらく、肌本来のメカニズムが正常に機能しなくなっている人が多くなったのでしょう。

図1　健康な肌

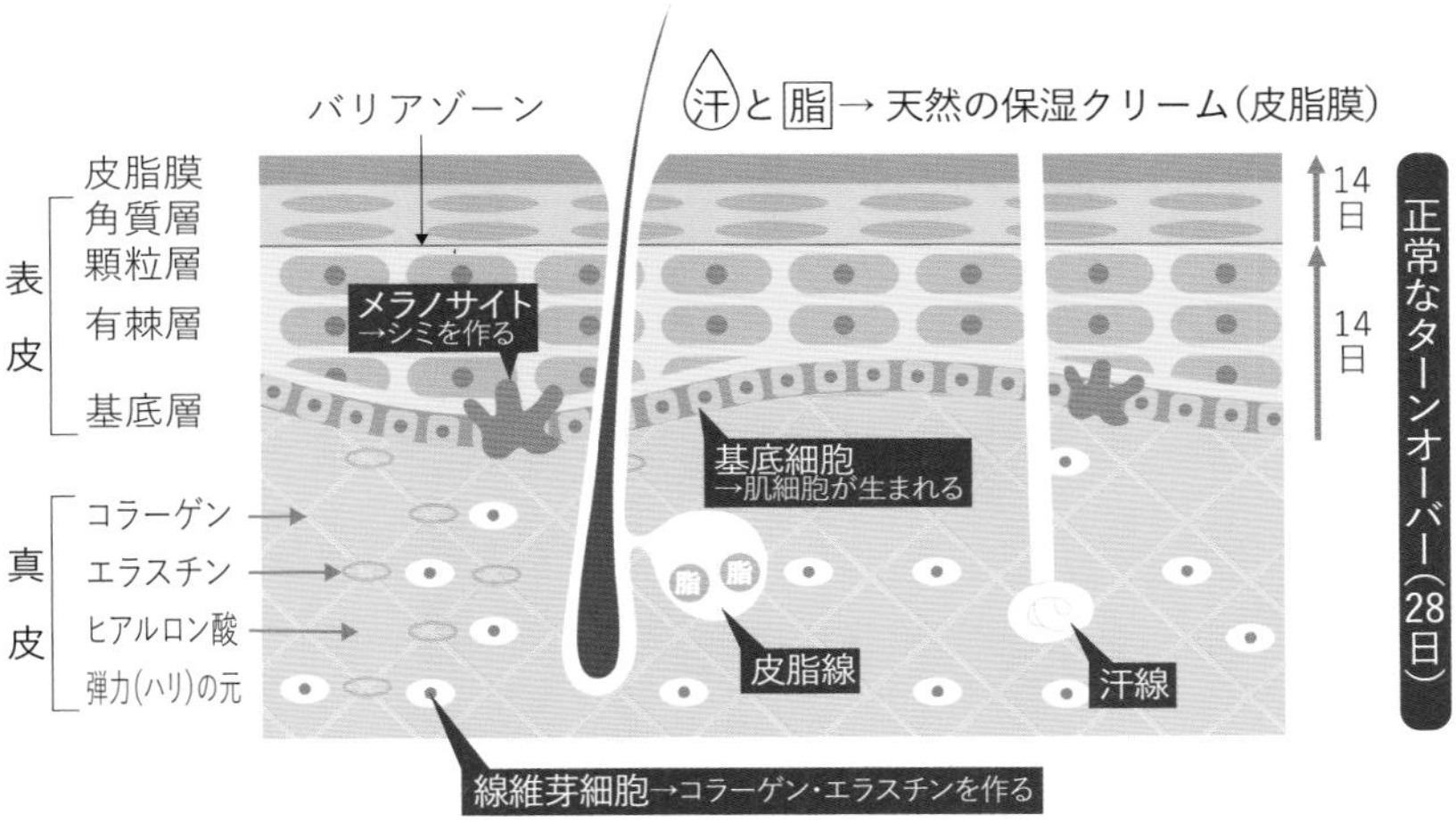

腕に切り傷ができたとします。もし化膿しても、消毒して傷薬を塗れば、よほど深い傷でなければ跡形もなく治るでしょう。それが肌のメカニズムです。

肌トラブルに限らず、弱った心身が元に戻るのに必要なのは、最終的には人間がもともと持っている「自然治癒力」や「免疫力」が働くかどうかに尽きると思います。

ところが、その力がかなり低下しているのです。その主な原因は、環境や食べ物でしょう。身体の細胞が喜ぶ環境に身を置き、細胞が喜ぶ食べ物を摂取しないと、自然治癒力は発揮できません。それどころか、本来備わっている力が誤作動を起こしてしまいます。

精神的なストレスも要因

肌本来のメカニズムが弱くなった原因としては、身体的な問題もありますが、メンタル的な要因も挙げられます。

肌に受ける傷と、日常的に仕事や人間関係などで受ける精神的なストレスは、意外と似ています。往々にして、心の環境は肌とリンクしているのです。

硬くなった心を和らげて、ストレスを癒さなければ、肌トラブルも治りません。心の問題を無視してクリニックに行っても、ニキビの治療もうまくいかないでしょう。

現代人はストレスを受けやすくなり、治療行為を受ける肌も弱くなっています。以前はアルコール消毒に反応しなかった肌が、アルコールでかぶれるようになったケースなどはその一例でしょう。

化学物質の種類が増えた

多くの人の腸内環境も、この10年間でかなり悪くなってきているという実感があります。要因は、化学物質の影響を強く受けている食べ物と環境です。20年ほど前から少しずつ感じていましたが、強い危機感を抱くようになったのは、この10年くらいです。

図2　シミ

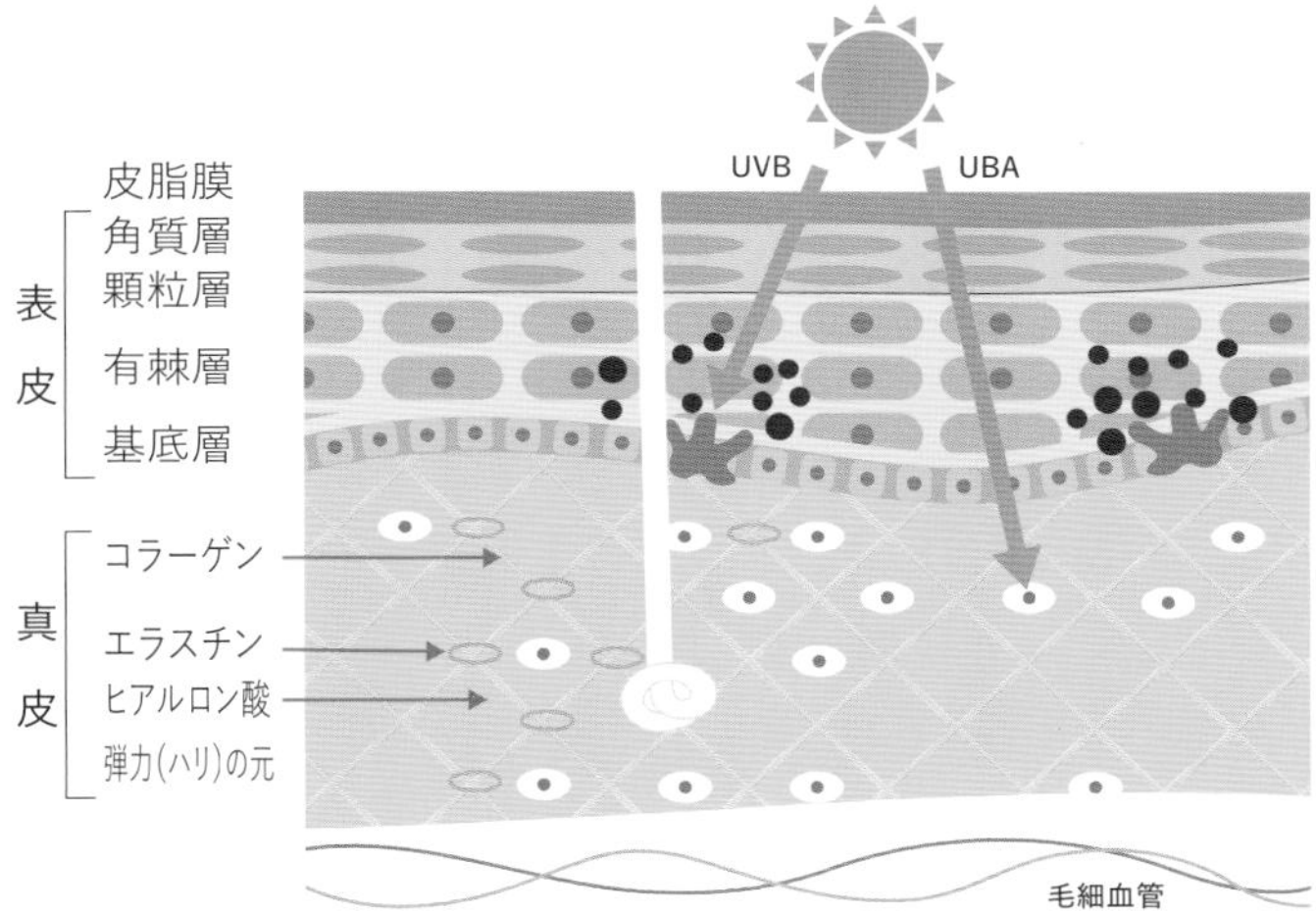
UVB
UBA
皮脂膜
角質層
顆粒層
表皮
有棘層
基底層
コラーゲン
真皮
エラスチン
ヒアルロン酸
弾力(ハリ)の元
毛細血管

図3　ニキビ

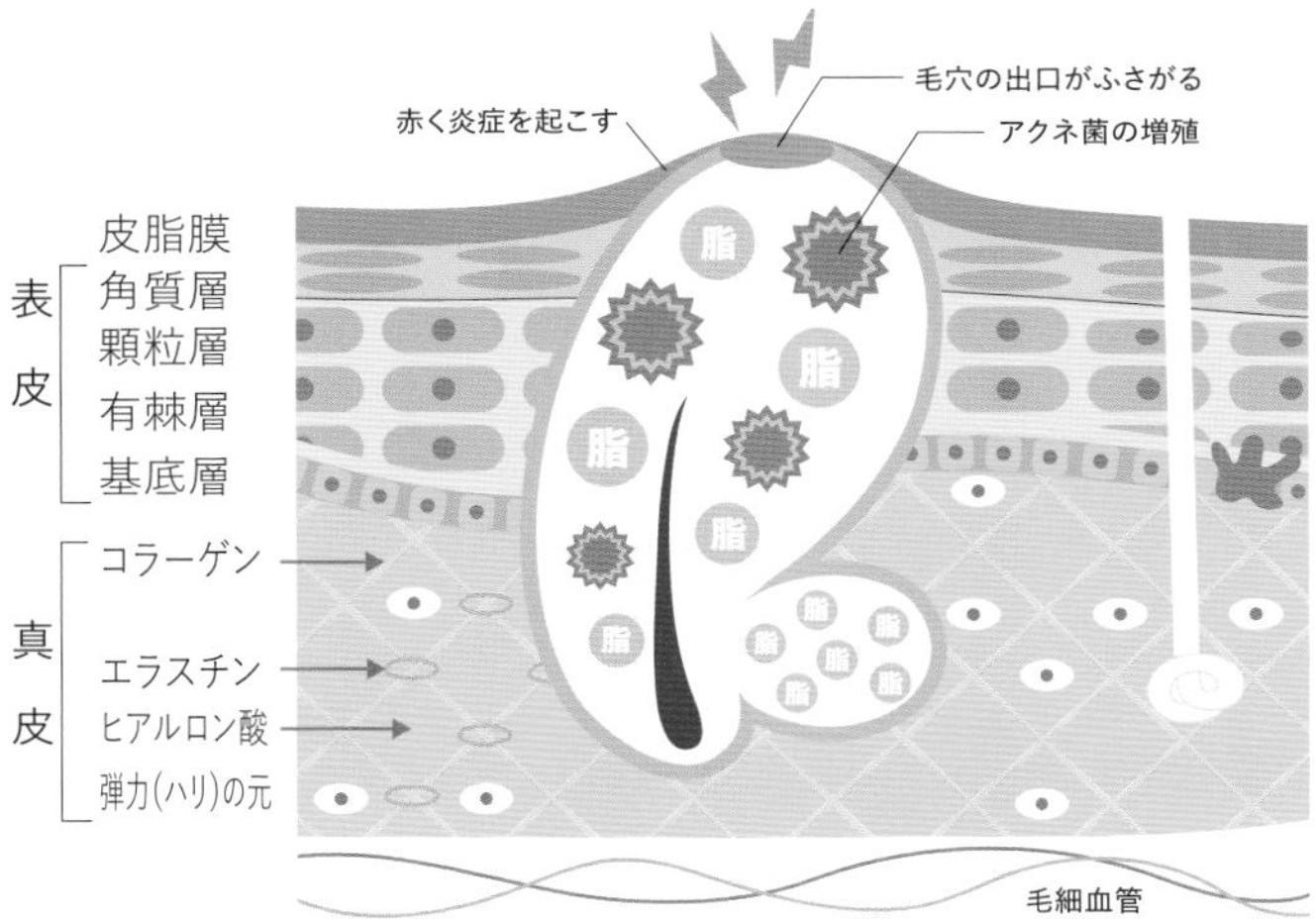
毛穴の出口がふさがる
赤く炎症を起こす
アクネ菌の増殖
皮脂膜
角質層
表皮
顆粒層
有棘層
基底層
脂
コラーゲン
真皮
エラスチン
ヒアルロン酸
弾力(ハリ)の元
毛細血管

食べ物には、安息香酸《あんそくこうさん》やソルビン酸などの「保存料」、食用赤色2号などの「合成着色料」、「残留微量化学物質」など、さまざまな合成添加物が含まれています。衣料品には、ナイロンやポリエステルなどの「化学繊維」が含まれ、ドライクリーニングした衣服にはテトラクロロエチレンなどが使われます。洗剤や化粧品には、「殺菌剤」や「防腐剤」が使われています。ＬＡＳなどの「界面活性剤」もあります。

挙げればキリがありませんが、化学物質が含まれた日用品は、増え続ける一方です。それらは私たちの身体を内部から汚染していきます。もちろん、肌も影響を受けています。

化学物質過敏症を発症してしまうと、日常生活そのものが大変な影響を受けることになりますが、そこまでいかなくても、化学物質は少しずつ、私たちの身体の内外に悪影響を与え続けているのです。

地球環境の悪化との関係性

もう一つ、難治性の肌トラブルが増えた要因として、環境の悪化があります。

空気汚染、水質汚染、プラスチックゴミの増加、放射性物質の拡散……これらを要因とする地球環境の悪化と、肌トラブルの難治化とが無関係ではないような気がしています。

環境汚染や化学物質などに起因する「(肌を含む)身体の変化」「心の変化」「地球環境の変化」

図4　たるみ・毛穴

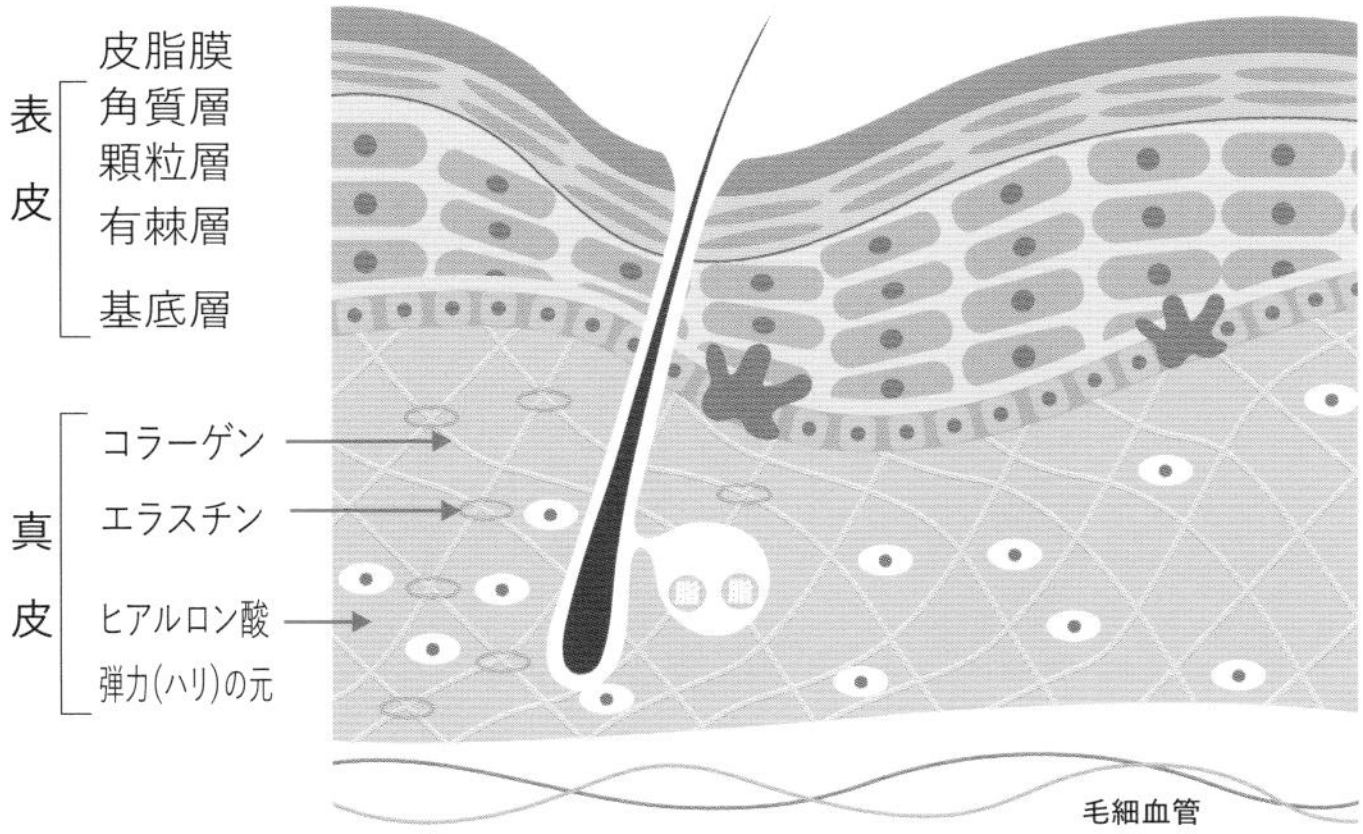

図5　乾燥肌・シワ

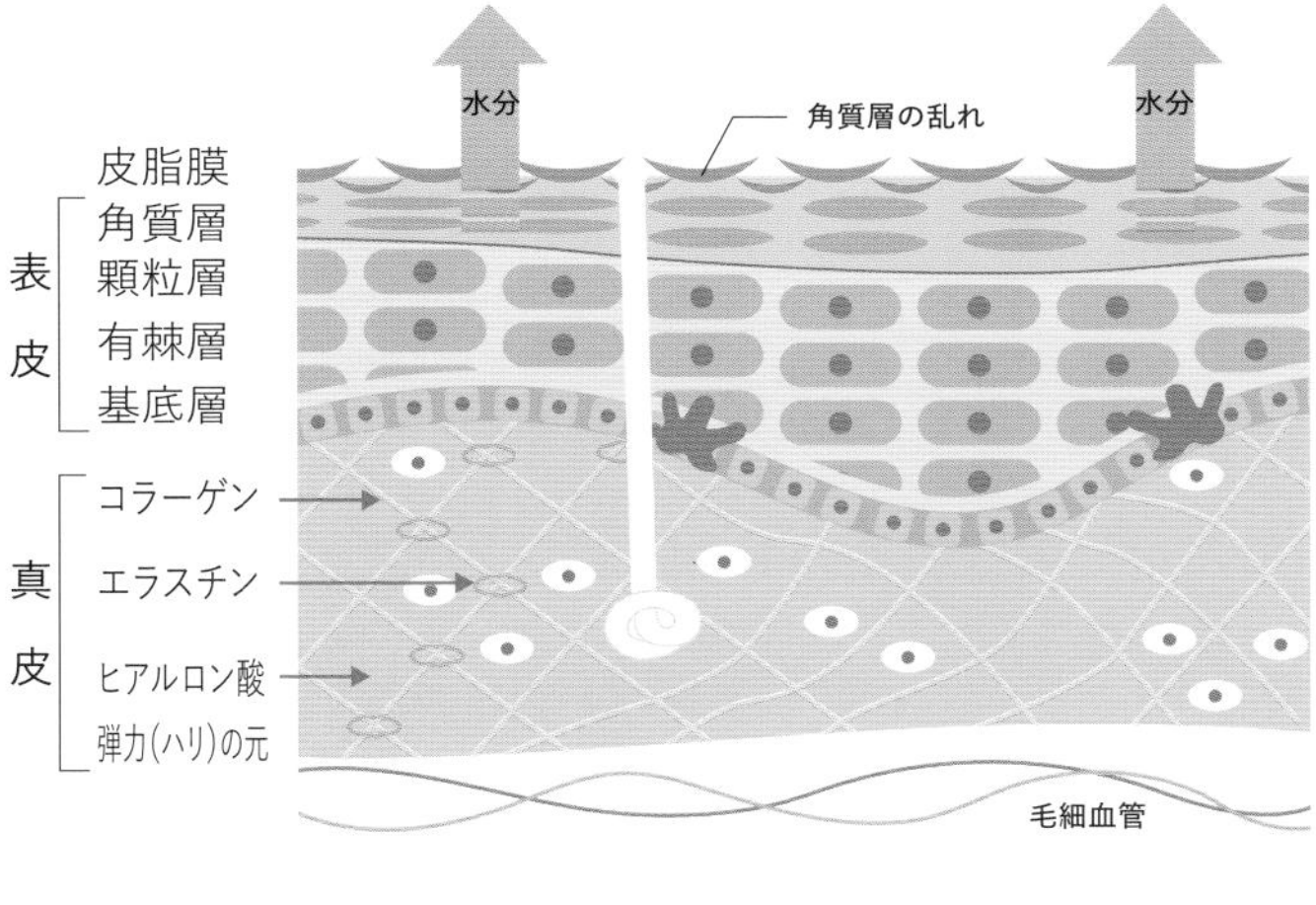

は連動しているのではないか、と私は感じています。

私たちの肌に影響を与えるのは、化粧品だけにとどまりません。食べ物も外気もそうなのですから、すべてがつながっていると考えるのは自然なことではないでしょうか。

この10年間で、地球の環境も、人の心も身体も急激に悪い方向に変化しています。難治性の肌トラブルが急増しているのは、そのせいだと思います。

マスコミやメーカーの情報に惑わされると……

情報過多のなかで、ブームに踊らされていないか

ニキビ、アレルギー、シミ、たるみなど、よくある肌トラブルに対しても、積み重ねてきたプロの経験が通用しないケースが増えています。

その原因を調べてわかったことの一つが「情報過多」です。インターネットの普及などによって20年前よりも美容に関する情報が増え、私のところに来るまでにいろいろなことを試しすぎた結果、予期せぬ反応が出るようになったのです。「○○がいい」と聞けば○○を飲み、「××が効く」と聞けば××をやり……。○○やら××やらをさんざん試し、傷めつけられた状態の肌で来るため、すでに「難治性」になってしまっているというわけです。

化粧品業界には仕掛けがあります。次々にブームを作ることで消費者の購買意欲をくすぐり、いわゆる「売れ筋商品」を広げていくのです。化粧品業界は流行を仕掛け、女性誌（最近は男性誌も）やテレビの情報番組がそれを拡散します。

美しい女優を起用し、有名なデザイナーや広告代理店に依頼して作られたポスターやテレビ

コマーシャルには、莫大なお金がかけられています。そして、音楽も含めて、CMが醸し出す雰囲気で、消費者の「イメージ」を意図的に作り出しています。

もちろん、その広告・宣伝費は商品の価格に上乗せされています。高価な化粧品でも、原材料に潤沢なお金が使われているわけではないのです。華やかなコマーシャルを繰り広げている化粧品ほど、広告・宣伝費が占める割合が高いと考えていいでしょう。つまり、よい原材料を使っているとは考えにくいわけです。

このように、いろいろなブームが毎年繰り広げられますが、そういう流行に翻弄されていては、いつまでたっても本当に自分に合うものを見つけることは難しいでしょう。

どんな化粧品が自分に合っているのか、どんなケアなら自分の肌が元気になるのか、それを自分の身体に聞くことのほうが、本来は大切なことなのです。

プロだからといって信じるのは危険

私はINFA（国際エステティック連盟）の国際ライセンスを取得しました。ベルギーにあるINFAの本部では、医師と同程度の生理解剖学を6年間勉強し、インターンもあります。

しかし、日本では、国家資格がある美容師と違って、エステティシャンには公的な資格制度がなく、すべて民間資格です。資格のない日本では、見よう見まねでもサロンを開くことができます。

ですから、プロのいうことでも鵜呑みにするのは危険です。たとえば、「スキンチェッカー」という器具があります。エステサロンや化粧品売り場で見る、肌に当てて水分量などを測るものです。

そのスキンチェッカーを使ったチェックを受けて、「あなたは乾燥肌ですね。水分不足を補うために○○をつけましょう」と言われる人がとても多いのですが、そう言われた人の肌を私が見ると、決して水分不足でないことがほとんどです。肌が誤作動を起こしているだけなので、過剰に保湿をするよりも、肌を元の状態に戻すことを目指すほうが早いというケースです。業者の言いなりになって何かを施すのは、誤作動の負の連鎖を自分で推し進めることになりかねません。結局、トラブルがひどくなって、私のところに駆け込んで来る人が後を絶たないのです。

今、例に挙げたスキンチェッカーが器具としてダメだといっているのでは決してありません。しかし、たとえば前の晩に夜更かしして寝不足であれば、それだけで数値は下がります。それで悪い値が出たのであれば、必要なのは美容液ではなく、水分と睡眠です。測る時間帯によって結果が違うので、素直に信じてはいけません。

「スキンチェッカー」に限りません。業者の言うことがあなた自身の肌に当てはまるかどうか、よく考えてみることが必要だということです。

肌トラブルの間違った対処法

どんどん強くなる「ニキビ薬」

皮膚科で治らず、私のところに来られた人の悩みで多いのは、アトピー、アレルギー、難治性のニキビです。中でもアレルギーやニキビは、性格と精神的な原因が強く関与していることがよくあり、簡単には治らない人が多いのです。ニキビの治療薬や、ステロイド剤に頼ってきた人ほど、その傾向があります。

昔、某メーカーのニキビ化粧品がブレイクしました。殺菌剤が入っているので、ニキビの元になるアクネ菌は一瞬で退治されます。その即効性から人気が出ました。

ところが、再びニキビが出たときに、同じ製品を使ってもまったく治らないのです。薬の耐性ができてしまうからでしょう。

それだけではありません。強い殺菌力によって、肌を守る健全な「常在菌」までが死んでしまったことも原因です。

ニキビ薬に頼っても、一瞬はニキビは治まるのですが、身体の中からできるものなので再発します。その繰り返しで薬の耐性ができ、もう前の薬は効かなくなり、悪循環に陥ります。そして、どんどん治らなくなっていくのです。

乾燥ニキビであれば、保湿をすることが有効な場合もありますが、たいていのニキビは下手に手をかけず、肌の上の菌バランスを整え、常在菌の働きを活性化させるほうが治りは早いのです。

「ステロイド剤」で医療難民に

Xさんは20歳になって急にアトピーになりました。日本全国の大学病院を回ったのですが、少しもよくならず、いわゆる「医療難民」になっていました。病院で処方されたステロイド剤を使っても、治っては再発を繰り返していたのです。ステロイド剤はどんどん強くなりましたが、もう薬では治らなくなり、私のところに来たときには40歳になっていました。

ステロイド剤というのは、とてもよく効く薬です。肌につけただけで、奥の奥まで入っていきます。ですから最初は効いて、アトピーも治まります。ところが対症療法なので、身体の内外に何か起きれば、再び症状が出てきます。そうすると、前のステロイド剤はもう効きません。もっと強い薬でないと効かなくなり、肌はボロボロになっていきます。

どんどん増え続ける生活の中の化学物質

人体に影響を及ぼす化学製品

凶悪な事件が世間を震撼させています。若い人がキレやすくなって、簡単に暴力をふるいます。そういう事件が増えているのは、合成添加物にまみれ、栄養価の低い食品を食べていることが原因だと指摘されています。ファストフード、コンビニ弁当、スナック菓子などが中心の食生活では、カルシウムなどの必要なミネラルが身体の外に出ていってしまい、ストレスが増していくのです。

食品に限らず、私たちの身のまわりには「化学物質」が溢れています。

化学物質とは、化学反応を利用して人工的に合成された物質のことで、近年は「化学物質過敏症」「シックハウス症候群」など、それが原因の病気も知られるようになりました。発症してしまうと、もはや普通の生活は送れなくなります。

人体にほとんど影響のない、つまり毒性のない化学物質もありますが、有害物質として規制されている化学物質もたくさんあります。そして、実際には有害なのに厚生労働省が規制していない化学物質も世の中にはたくさんあるのです。

現代社会において、化学物質を避けて生活することはできないでしょう。便利ですから、化学物質を使った製品や食品は増える一方です。

しかし、その化学物質と、肌トラブルには大きな関わりがあります。化学物質は身体の中に毒素を蓄積し、腸に棲む常在菌のバランスを崩し、肌へも悪影響を及ぼします。

私は妊婦さんがコンビニのお弁当を買っている場面を見かけたことがありますが、栄養の偏りや、保存料などの添加物の影響を考えたとき、あまりにも問題意識が低いと思わざるを得ませんでした。

合成界面活性剤が細胞を破壊する

化学製品の中でも、とくに問題視したいのは「合成界面活性剤」です。

「界面活性剤」とは何でしょうか。

本来、水と油はお互い弾き合います。この両者をなじませることを「乳化」といいますが、乳化の役割を果たす物質が界面活性剤です。油汚れを水の中に混ぜ込ませることができるため、油汚れを落とす洗浄剤には必ず含まれています。

界面活性剤は、大きく「石鹸」と「合成界面活性剤」に分類できます。石鹸は天然にある自然素材から作られ、合成界面活性剤は人工的な化学合成で作られます。

自然素材で作られた石鹸は問題ありませんが、化学的に、とくに石油で作られた合成界面活性剤は、人間の細胞を破壊していくという恐ろしい側面を持っています。身体の深くまで浸透して、その毒性をもたらすのです。


合成界面活性剤が恐ろしい理由は、次の3点です。

①乳化作用（毒性）

合成界面活性剤は、乳化作用によって肌の皮脂を剝ぎ落とし、細胞膜を溶かす作用があります。結果として、肌荒れなどの肌トラブルの原因になります。

②浸透作用

毒性があり、身体の奥へと浸透します。細胞内のタンパク質を変性させながら、溶かされた細胞膜の間を通過し、連鎖反応的に次々に細胞を破壊していきます。

③残留性

分解されにくいので、体内に長くとどまります。本来は解毒作用を司る肝臓の細胞も破壊して、機能障害を起こさせます。

髪や衣類に残った合成界面活性剤は、知らず知らずのうちに肌の細胞を破壊し、皮膚の上で暮らしている常在菌を弱らせてしまいます。

合成界面活性剤を含んだ化学製品の蔓延が、肌トラブルの増加を招いているのです。

第2章

肌トラブルを改善する生活の知恵

「美肌法」のアプローチは2方向から

内側からのアプローチと外側からのアプローチ

きれいになるために提唱されている方法論は世の中にたくさんあり、素人ほど一生懸命にやってしまう傾向にあります。しかし、それが本当に自分の肌によいのかどうかを考えず、一生懸命にやったことで逆の結果を生んでいるケースはかなり多くあります。

肌トラブルを解消するのに必要なのは、薬でも化粧水でもありません。

肌にトラブルが起きている人は、皮膚という身体の表面だけではなく、内側にもトラブルが起きていると考えていいでしょう。ですから、トラブルを解消するための「美肌法」にも、内側からのアプローチと外側からのアプローチが必要になります。

内側からのアプローチには、次の4つの方法があります。

①質のよいものを食べること

②休息をとること
③毒素を排泄すること（デトックス）
④体内のよい循環を作ること

外側からのアプローチとは、「肌への直接的な働きかけ」です。
そのとき「避けるべきもの」があります。大きく分けると化学的な成分による肌への刺激物質、もう一つは物理的な刺激（摩擦、機器の使いすぎなど）です。その両方が、肌にとってはよくない方向に作用します。

肌細胞は化学物質を受け入れない

一般の化粧品には、粗悪な化学物質がたくさん使われています。おそらくあなたの身体は、有害といわれる化学物質ほど受け入れることが楽ではないはずです。もしかすると肌に現れたトラブルは、間違って受け入れてしまった有害な化学物質の危険性を示す、身体からのシグナルかもしれません。

ただし、「自然由来」だと謳っている製品なら安心だと思い込むのも危険です。そういう製品は、自然の植物や鉱物を使っていて、化学物質は少ないかもしれませんが、安全性の検証がなされておらず、何かに反応する可能性も否定できないからです。

過度の防腐剤や乳化剤、添加物などを極力避けて、「自分の身体に心地よいもの」を探していくことがとても大事だと思います。

美肌の鍵は〝常在菌〟

「潤いのある肌」は、よい常在菌が元気な肌

「人間の身体の9割は、微生物（細菌）でできており、身体の内外にある微生物の生態系を保ち、修復することこそが肝要なのだ」という説があります。私たちの身体の中には微生物の生態系が存在し、皮膚の上にも微生物が棲息しているということです。その数は、実に膨大。身体には100兆個を超える微生物が存在し、肌細胞にも1兆個の微生物が棲みついているというのです。つまり、肌もまた微生物の集合体。健康な肌には、微生物がビッシリ棲みついているのですから、微生物を敵に回してはいけません。

その微生物は「常在菌」とも呼ばれ、いわば「肌の守り人」の役割を果たしています。健康で美しい肌を保ちたければ、この「肌の守り人」が安心して共存できる環境を作るしかありません。

肌を考えるうえで重要なキーワードは、「汗」と「皮脂」です。

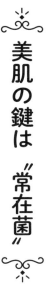

皮膚は汗と皮脂を分泌して「皮脂膜」を作り、皮脂膜が肌を守っています。この皮脂膜が「常在菌」です。

「潤いのある肌」とは皮脂をよく分泌している肌だと思うかもしれませんが、それは違います。健康な肌は、皮脂の分泌で潤っているのではなく、肌の上に棲む微生物が元気に働いているから潤っているのです。

実は、常在菌にもよい菌と悪い菌があります。もしも肌がベトベトしていたら、非常に悪い菌が常に発生しているはずです。悪い菌のほうがよい菌よりも優勢だからです。

私はいつも、肌上の菌バランスを整えることに重きを置き、サロンケアやホームケアの方針を立てます。よい菌も悪い菌も、あくまでもバランスが大切だということです。

必要なのは「皮脂の生産」と「常在菌の育成」

健康な肌を保つために必要なのは、アミノ酸（タンパク質）、脂質、糖質、ミネラル、ビタミン、そして常在菌です。これらが驚くべき連携プレーを果たすことで、皮膚の健康維持が成り立っているのですから、どれも欠かせません。

ところが、私たちが乳液などの保湿成分を与えすぎると、肌は皮脂が生産されていると勘違いし、本来の皮脂生産を減らしてしまいます。そうなると常在菌も減少し、肌の保湿システムがさらに弱くなります。これが、「乾燥スパイラル」です。

肌本来の保湿システムを回復するために必要なのは、「皮脂の生産」と「常在菌の育成」なのです。

常在菌は人それぞれに異なる

「どんな化粧品がいいんですか？」とよく聞かれますが、実は一概にはいえません。人によって違うからです。身体に存在する常在菌も、みんな違います。ですから、「あなた自身の常在菌が優位で元気で心地よく過ごしていける環境を作る化粧品がいい」と答えることしかできないのです。

一番大切なのは、常在菌を生かす洗浄剤（洗顔石鹸、ボディソープなど）を使うことです。洗浄剤だけでなく、化粧品もあなたの常在菌が元気でいられるものを使用すること。これが肌トラブルを防ぎ、肌を健康に保つための秘訣です。

常在菌にもいろいろな種類がありますが、肌上に広がる代表格は「表皮ブドウ球菌」「アクネ菌」「真菌」です。

これらの常在菌には、次のような恩恵があります。

①皮膚を弱酸性に保つ
②病原菌を寄せつけない
③きめ細かな皮膚を作る

たとえば「表皮ブドウ球菌」は皮脂を分解して、弱酸性の脂肪酸を作ることで肌を常に弱酸性に保ち、アルカリ性を好む病原菌の繁殖を抑えます。表皮ブドウ球菌を膨大な数で維持することで、悪い「黄色ブドウ球菌」の付け入る隙を与えません。

人間の表皮細胞と共存する菌は、さらに活動エリアを棲みよい環境にするために、活発に皮脂を分解して、脂肪酸とグリセリンを作ります。そのため表皮は常に保湿剤に覆われ、しっとりとしたきめ細かな皮膚が維持されるのです。

このありがたい恩恵を理解すれば、常在菌を洗い流したり、殺菌したりするのはよくない、ということがわかるでしょう。

常在菌を劣化・減少させないために

ところが、多くの人が入浴で半数以上の常在菌を殺しています。洗浄力の強い合成界面活性剤を使っていると、常在菌がほぼ全滅することさえあります。とくに、常在菌の逃げ場である毛穴の中まで洗浄してしまうと、常在菌の回復に時間がかかることを覚えておいてください。健康な肌は、健康な常在菌なくして得ることはできないのです。

何かの刺激で肌が荒れた場合、多くの人はステロイド剤に頼るのですが、ステロイド剤もまた常在菌を傷めつけてしまいます。

常在菌を劣化・減少させないためには、次の点に注意してください。

①強い洗剤でゴシゴシ洗わない
②過度の防腐剤入りの製品、乳化剤入りの製品を使わない
③表皮に余計な成分を残さない

私たちの味方である常在菌に意識を向けることで、常在菌はバランスを保ち、健康な肌が維持できるようになります。

合成界面活性剤は、よい常在菌も悪い常在菌も両方とも弱らせ、死滅させます。死滅しても、時間が経てば少しずつよみがえってきますが、肌細胞自体が劣化してしまっているので、一度失われた常在菌を回復させるには時間がかかります。いろいろな刺激を受けやすくなり、受けた傷は治りにくくなります。

常在菌は傷を治す働きもするので、常在菌の保持と育成のためにも、合成界面活性剤は避けたほうがいいのです。

身体のために避けるべき有害物質

有害物質は肌からも口からも入ってくる

今の世の中では、私たちが日常的に使う製品や口にする食品にも、有害物質が溢れています。そのような有害物質は、口や鼻から入ってくることもあれば、肌を通して入ってくることもあります。どちらにしても、私たちの身体を内外から蝕んで、肌トラブルや病気の一因になります。ですから、肌トラブル解消のためにすべきことの第一は、「有害物質を避ける」ことです。

有害物質は、いわゆる化学製品に多く含まれています。

身近な日用品であれば消臭剤や柔軟剤など、食品であれば合成着色料や合成保存料などの形で含まれています。困ったことに、一つひとつの成分にはそれほど大きな問題はなくても、合わさることで有害度が増すものが化学製品には少なくありません。ですから、いわゆる「合成成分」にも注意しましょう。

化学製品を100%避けることはできなくても、少しでも悪いものの割合が少ないものを選ぶようにしましょう。

具体的に、どのようなものに注意し、どんなものを避けたらいいのかを次項から解説していきます。これらは、身体の内部にも身体の表面（肌）にも悪さをするものです。

最も避けるべきは合成界面活性剤を含んだもの

最も避けるべきものは、何度もいいますが「合成界面活性剤」を含んだものです。合成界面活性剤には、残留性、毒性、浸透性があることは前述しました。一番破壊力があり、身体の中に浸透して残るのです。

ですから、成分を見て、「石油系」の製品と合成界面活性剤入りの製品は避けましょう。「防腐剤」「乳化剤」「酸化防止剤」にも気をつけてください。

肌から直接入る「経皮毒」

有害物質は、肌を通しても体内に入ってきます。そのような有害物質は「経皮毒」と呼ばれます。肌にはバリアがあるので、外からの細菌や有害物質をはねつけることができるのですが、経皮毒は、そのバリアを破って体内に侵入します。

肌トラブルを抱えているのであれば、当然のことながら、肌に直接つける基礎化粧品に留意してください。

肌に直接つけるのは、基礎化粧品だけでなく、シャンプーやトリートメントも同様です。シャンプーやトリートメントには石油由来の化学物質がたくさん含まれています。その原液をそのまま頭皮に使うため、体内に簡単に入り込んでしまうのです。

ですから、最も気をつけなければならない経皮毒といってもいいでしょう。それがとくに婦人科系の病気のもとになっている、という指摘もあります。

ボディソープもまた全身に使うものなので、化学物質を多く含む製品は避けたほうがいいでしょう。

ドラッグストアで買うさまざまな製品

次のような日用品に気をつけてください。たいていはドラッグストアでよく買う身近なものばかりです。一部ですが、リストを挙げておきます。

シャンプー／トリートメント／ボディソープ／歯磨き粉
入浴剤／髪染め／芳香剤／ワックス
洗濯用洗剤／台所用洗剤／漂白剤／柔軟剤

カビ落とし／防カビ剤／防虫剤／防臭剤／消臭剤

すでに肌トラブルがあるのなら、これらのものを避けることが一番無難です。こういうものをまったく使わない生活は今さらできないと思いますが、少しずつでも変えていくしかありません。本当に深刻な症状であれば、化学物質を含まない製品を使うしか方法はありません。

ちなみに私は、化学物質を含まない日用品を選んで使用しています。

紫外線

28年間、毎日朝から晩まで左ハンドルの車の運転をしている人がいました。左側から陽差しが入るので、顔の左側だけに深いシワが刻まれました。顔の左右でまったく違った様相になってしまったのです。医学雑誌『The NEW ENGLAND JOURNAL of MEDICINE』が発表したその人の写真は、世間に大きな衝撃を与えました。紫外線というのは、それほど大きな影響を与えるのです。

紫外線にもいくつか種類がありますが、それぞれが肌に悪い影響を与えることはよく知られています。

ＵＶＡ（紫外線Ａ波）は陽差しを浴びた直後に肌を黒くする紫外線で、「肌の黒化」や「シワ」「たるみ」などを促進します。雲や窓ガラスなども通過して、肌の奥深くにある真皮にまで届き、ＤＮＡを傷つけます。

ＵＶＢ（紫外線Ｂ波）は「肌の炎症」を起こし、「シミ」「ソバカス」を生成します。主に表皮に強く作用して、陽差しを浴びた数時間後に肌に赤い炎症を起こし、メラニンを増加させます。

とくに、色白の人は紫外線に対して弱い肌になりますので、紫外線をできるだけ避けてください。

ＵＶクリームは、肌になじむまでに30分はかかります。ですから、肌を無防備に紫外線にさらすのは、とても危険です。

改めるべきは生活習慣

熱いお湯、冷たすぎる水での洗顔

私のサロンに通っている人に、「最近、クーパーローズ（毛細血管が拡張する症状）が多くなったけど、何かしましたか？」と尋ねると、「氷を入れた冷たい水でピシャピシャやると顔が引き締まるってテレビで言っていたのでやっています」という答えが返ってきました。

洗顔に、冷たすぎる水はおすすめしません。とくに、薄くて弱くて敏感な肌の人にはあまりよくありません。

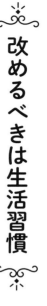

顔を洗う水の温度は、人肌（体温）がいいでしょう。

とくに乾燥を避けたい人は、熱いお湯での洗顔は避けましょう。食器を熱いお湯ですすげば、とても早く乾きます。それと同じで、熱いお湯で洗った顔はすぐに乾燥してしまうのです。

なお、ニキビなどを気にして一日に何回も顔を洗う人がいますが、洗顔の回数は一日に2回で十分です。もちろん、運動をして汗をかいた場合は洗ってもいいと思いますが、そうでなければ朝と晩だけでいいのです。

回数だけではなく、強い洗浄剤も使ってはいけません。

摩擦、圧をかけたマッサージ

フェイシャルエステサロンでマッサージを受けたり、市販のマッサージクリームを使って自分でマッサージをしたりする人もいるでしょう。

顔には強い圧をかけたマッサージをしてはいけません。例外的に、骨格矯正のために顎を押すことはありますが、「美肌」が目的であれば、強いマッサージは厳禁です。

とくに、肌の弱い人や、すでにトラブルが出ている人はやめたほうがいいでしょう。逆にクーパーローズや、たるみの原因にもなりかねません。

肌は、真皮層のコラーゲン線維（27ページ・図1）という大事な「柱」に支えられています。強いマッサージは、その柱を揺れ動かして、折っているようなものです。表皮の厚さは0・2㎜しかないのですから、少し動かすだけでも肌にとっては大地震なのです。

洗顔のときも、こすってはいけません。手と顔の間に泡のクッションを置いて、それを転がす感覚で洗います。汚れを洗い落とすのは手ではなく石鹸の泡です。

過度な刺激の美容器具・美容機器

顔の上を気軽にコロコロ転がすだけの器具もあれば、プロが使う機器まで、美容器具・美容機器にもいろいろあります。でも、すべてを過信しないことです。

手軽に買える美容機器に大した効果は期待できません。テレビを見ながら毎日やった結果、肌トラブルになり、私のサロンに来た人もいます。

一方、高価な美容機器には高いリスクがあります。シミを取るための機械を使って、逆にシミが濃くなったケースもあります。

使い方に気をつけたい家庭用スチーマー

スチーマーは、避けるべきというよりも、使い方に気をつけるべきものです。

顔に蒸気を当てれば毛穴が開き、マッサージする手の滑りをよくします。スチームが当たっていれば、摩擦を起こさず、開いた毛穴から汚れを落としやすくなります。ですから、適切に使えば効果があり、私のサロンでも使用しています。

しかし、顔に当たった蒸気は、蒸発するときに肌の水分を一緒に外に出してしまいます（気化熱作用）。ですから、使い方を間違えると、逆に肌によくないのです。

残念ながら、家庭用のスチーマーは、よい具合に蒸気が当たらないものです。物足りないからもっと当てようと顔を近づけると、とても熱くなって気化熱作用が進むため、肌の乾燥が進んでしまいます。

湯船に浸かって湯気に少し当たった後に洗顔をするという程度であればいいでしょう。

逆に、熱すぎるホットタオルは要注意です。肌が赤くなるのは熱すぎた証拠です。

自己流の角質ケア、毛穴の角栓取り

古い角質を取り除く「ピーリング」が流行していますが、自宅でするのは危険を伴います。

たしかにピーリングは「手軽にできる角質ケア」ですが、必要なものも全部取ってしまうので、まるで丸裸の赤ちゃんを冬場に外に放り出すようなものです。角質を取りすぎるということは、肌を無防備状態にしているということです。

角質は、肌を守っている大切なものです。肥厚してしまった不要な角質はある程度取っていいと思いますが、素人が「この角質を半分の厚さに取る」などという作業はできないわけですから、自分でやるものではありません。

また、クリニックで施されるピーリングは濃度が高いため、とても効く反面、リスクも高まります。それでひどくなって私のサロンに来た人はたくさんいます。

毛穴の角栓取りにも要注意です。組織が壊れて逆に毛穴が大きくなり、凹凸が目立ってしまったと悩む方がとても多いのですが、この毛穴を引き締めることはなかなかひと筋縄ではいきません。

自己流の角質ケア、毛穴ケアにはリスクが伴うということを、念頭において方法を選ぶことをおすすめします（ピーリングによるトラブル症例は24ページ・Case8参照）。

油分による過度な保湿

乾燥肌に足りないのは、水分だけではありません。油分も足りていません。

ところが、油分をつければつけるほど、自分で油分を補う力が弱まり、乾燥は進みます。肌の脂が少なければ脳が「皮脂を分泌せよ」という指令を出すのですが、外から油分を補うとその指令が出なくなり、皮脂腺が萎縮して皮脂を分泌しなくなるからです。

肌に最も大事なのは、水分（汗）と油分（皮脂）のバランスなので、油分だけを多量につけてはいけません。

とはいえ、皮脂分泌機能が低下した肌には、油分を補うことが必要な場合もあります。その際は、皮脂と近い成分のクリームがおすすめです。市販のクリームの多くは、油の質がよくないので要注意です。

また、油分が入っている化粧品には、必ず界面活性剤が含まれています。クリームは水分と油分でできているので、その２つが分離しないように界面活性剤で乳化させているわけですが、安い製品であればあるほど合成界面活性剤が使われていると思っていいでしょう。

さらに、塗った油分そのものが肌の上で酸化するので、そこに紫外線が当たるとシミの原因になったり、肌細胞の傷みにつながったりします。

身体の負担になる食品を避ける

食品添加物を避け、自然な食べ物を摂る

食品添加物（防腐剤、保存料、着色料、香料など）には数多くの種類があり、たいていは気づかぬうちに口にしています。自然由来の添加物であればあまり心配はいらないのですが、問題は化学的に作られた合成添加物です。合成添加物には、かなりの毒性があると思っていいでしょう。

たとえば、ハンバーガーなどのファストフードは安くて手軽ですが、着色料、脱臭剤、防腐剤など、さまざまな添加物を入れています。舌触りをよくして、おいしさを感じさせるために、乳化剤や糊料、保湿剤、増粘剤なども入れていますが、これらはみな身体に悪いものです。

できるだけ自然なものを食べるようにしましょう。

ただし、自然派、無添加、無農薬などと謳っている食品でも、必ずしも完全に無添加・無農薬ではないケースがあるので、注意が必要です。

化学肥料や農薬を使わない「オーガニック食品」でも、完全なオーガニックを実現することは難しいのです。野菜も、病気や害虫に負けないように、あるいは甘みが強くなるようにと品種改良を繰り返した結果、昔よりもビタミンなどの栄養素が減っており、かなりの量を摂らなければ栄養は期待できません。

昔からの食品を、昔ながらの方法で

体内で栄養素を消化・吸収する機能に着目すると、最近は合成添加物の取りすぎで、必要なミネラルまでが体外に出てしまう傾向が強くなっています。

逆に、必要なミネラルが排出された後も、体内に残るミネラルがあります。ナトリウム、つまり塩分です。

日本人はナトリウム（塩）の摂取量が多いことが問題視されてきましたが、古来のナトリウムは、海塩、味噌、醤油などで摂っていたため、今とは状況が違います。とくに味噌は酵素の働きによって、塩分が身体の中に蓄積されないとされています。ちょうどよく排泄されるのですが、近年、日本人の味噌の摂取量はかなり減ってきています。

自分たちの食生活が昔とは違ってきたこと、塩分が強くなり、野菜などの栄養価が変わり、そのために身体に負担をかけていることを知りましょう。
できるだけ、昔からある食品を、昔ながらの方法で食すこと。農薬や化学飼料を使わずに育てられたもの、合成添加物の加えられていないものを食べてください。

腸内の菌を元気にする発酵食品

私はアトピー、アレルギー、ニキビで悩む方には、腸をきれいにする必要を伝えます。「腸こそは健康の土台」です。身体の9割は微生物（細菌）でできており、そのバランスが大切だと述べましたが、とくに腸内に棲む常在菌のバランスは、健康や美に大きく関わっています。腸は食べ物と一緒に体内に侵入してくる病原菌から身体を守るために、大きな免疫系を有しています。腸の中には１０００兆個もの腸内細菌が棲息し、さまざまなリスクから身体を守っています。

生活習慣の乱れ、薬の飲みすぎ、外的要因、加齢、ストレスで腸内細菌のバランスが乱れると、腸内環境が乱れ、腸が汚れます。すると消化・吸収が悪くなり、免疫力が下がります。さらに体内の老廃物や毒素が血液に吸収されて全身を巡ってしまうため、いろいろな病気や不調の原因になるのです。

腸が汚れていると、たとえ新鮮なものを食べても、高価なサプリメントを摂っても、吸収されません。ですから、まずは「腸内の大掃除」から始めなければなりません。

ですから、私たちは腸内の常在菌が喜ぶ食事をしなければならないのです。逆にいえば、腸内の細菌バランスを崩すような食事を避けるということです。

まずは、食物繊維を摂りましょう。野菜、海産物などは、食物繊維を豊富に含んでいます。そうすると、食物繊維を餌にした腸内細菌が発酵を進め、その発酵物質が腸の蠕動運動を促し、便が腸内にとどまる時間を短くします。

味噌、漬物、納豆など、伝統的な日本の発酵食品を摂れば、腸内細菌の崩れたバランスが回復します。

ヨーグルトもいいでしょう。ヨーグルトに含まれた乳酸菌が、腸管の免疫を活性化させるからです。ただし、人によって相性のよい乳酸菌は違いますから、いろいろ食べてみて、お通じなどの様子を見ながら判断するといいでしょう。

とくにアトピー性皮膚炎の人は、腸管免疫を活性化させることで症状が緩和されるので、積極的に摂ってください。

2種類の食物繊維を活用する

食物繊維を多く含む食べ物もおすすめです。食物繊維には、「不溶性食物繊維」と「水溶性食物繊維」があります。

不溶性食物繊維は、サツマイモ、アーモンド、クルミなどによく含まれ、水溶性食物繊維は、昆布、ワカメ、モズク、寒天などに多く含まれています。また、ゴボウ、アボカド、切り干し大根、干し椎茸、プルーン、インゲン豆には、どちらの食物繊維も多く含まれています。

食物繊維の少ない食事にならないように気をつけましょう。また、同じ穀類でも精製されてしまうと食物繊維の量は大幅に減ってしまいます。

腸を守るために注意したい食べ物

精製されたものを避けるという意味では、「揚げ油」や「白砂糖」「小麦粉」も避けたほうがいいでしょう。

大麦や雑穀も、今の市販品は純粋ではないものが多いので、注意してください。

日本人の体質には、玄米と味噌汁が一番いいのかもしれません。ただし、玄米は12～17時間ほど水に浸してアクを抜くことをおすすめしています。その間、4回ぐらい水を換えるといいでしょう。

腸を守りたい人には、グルテンフリーをおすすめします。簡単にいえば「小麦粉を食べない」ということです。

たとえば、パンやパスタなどを2週間ほど制限してみるのもいいでしょう。

腸の健康を保つために注意したい食物には、肉類もあります。肉にはタンパク質やビタミンＢが含まれているので、まったく食べない必要はありませんが、動物性タンパク質は悪玉菌の餌になって腸内の腐敗を促すという側面があるので、摂りすぎは禁物です。

牛肉や豚肉よりも、鶏肉のほうがいいでしょう。また、魚のタンパク質は、あまり腐敗を起こさないので、動物性タンパク質は魚から摂るといいでしょう。

体内の循環をよくする

私のメソッドで最も重視しているのは「体内における、血液とリンパ液の循環」です。リンパ液と血液がきちんと循環していれば、栄養は細胞の隅々にまで行き届き、悪いものを回収して体外に排出することができるからです。

とはいえ、食べているものが粗悪であれば、いくら循環がよくても意味がありません。必要な栄養ではなく、悪いものが届くわけですから、細胞は喜びません。ですから、食べ物に気をつける必要があるのです。

水を飲む

身体の中の循環をよくするためにも、水分を摂りましょう。
「飲水療法」という言葉もあるくらいなので、毎日、体重の30分の1ℓ以上（体重が45kgなら1・5ℓくらい）は毎日飲みましょう。

なぜなら、私たちの細胞中には水分が足りていないからです。合成添加物は、どんどん水分を排泄させます。水分が足りないと細胞が弱ってしまうので、水はどんどん摂ったほうがいいのです。ちなみに私は、毎日1・5リットルは必ず摂るようにしています。

多く水を飲むことはもちろんですが、水素やケイ素（80ページ）を入れて飲めば、活性酸素などが排出され、体内でよい循環が作られます。

薬品にも気をつける

食べ物ではありませんが、口から入れる西洋医学の薬もまた、身体に棲む常在菌を敵に回して炎症を起こすという側面があります。炎症を鎮める薬でさえ、炎症を起こします。

たとえば、がんという病気は、ヒドロキシルラジカルという活性酸素の塊であり、炎症そのものです。化学療法では、がん細胞を抗がん剤という炎症物質で攻撃するわけですが、実はその抗がん剤もヒドロキシルラジカルの原因です。

もちろん処方薬や市販薬が必要な場合もありますが、薬に頼りすぎず、本当に自分に必要な薬なのか、どんな影響を自分の身体に及ぼすのかを見極めるべきでしょう。

とくに抗生剤（抗菌薬）の安易な使用はやめましょう。抗生剤を飲むと、耐性のない菌が死滅する一方で、耐性を持つ一部の菌が生き残って増殖します。そして、抗生剤が効かない「薬剤耐性菌」による死亡者が増えることになります。

休息と睡眠を重視する

休息と睡眠で自律神経のバランスを保つ

人間には休息と睡眠が絶対に必要で、これを十分に取っていないと自律神経が乱れます。自律神経が乱れたら、いろいろな病気になってしまいます。

ところが、何事にもまじめできっちりやらないと気が済まない「頑張り屋さん」は、休息も睡眠も犠牲にしながら、仕事や家事をやってしまいがちです。自分の身体の悲鳴に気づかずに頑張ってしまうので、いつのまにか自律神経のバランスを崩しています。

「陰と陽」「マイナスとプラス」「光と影」など、この世界はバランスの上に成り立っています。人間の体内で起きている「同化」(エネルギーの吸収反応)や「異化」(エネルギーの放出反応)などの現象も同じです。

そして、人間の体内で一番崩れやすいバランスが自律神経です。自律神経は、身体のすべての機能のバランスを取りながら、体内の働きを調整しています。

ところが、自律神経が崩れてしまうと、その機能が働きません。そうなると、たとえば疲れたとき、通常なら眠気を催して休むところですが、逆に興奮状態になって、ますます頑張って働く、ということにもなってしまいます。もちろん、そんなことが続けば身体は悲鳴を上げ、さまざまな症状を引き起こすことになってしまうわけです。もちろん、自律神経の乱れは、肌にも大きく影響します。

休息と睡眠を十分に取ることで、自律神経のバランスを保ってください。

ストレスを溜め込まない

交感神経だけが活発にならないように、副交感神経を優位にするように、リラックスする生活を心がけましょう。

精神的なストレスもまた、腸に悪い影響を与え、肌トラブルを含む全身の不調のもとになります。

生活をしていれば当然ストレスは避けられませんが、それによって心が蝕まれることがないようにしてください。ストレスを与えるものからの攻撃をかわす、ストレスを解消する術を身につけるといった工夫をしてください。それが心身の健康を保ち、ひいては肌トラブルを改善・予防することにもつながります。

第3章

難治性でも改善する「岩永式美肌メソッド」

キーワードの一つは「抗酸化」

岩永式美肌メソッド（ＫＥＩＫＯパーフェクトスキンメソッド）、４つのポイント

難治性の肌トラブルが増えてきた現状に向き合った私は、従来のやり方に加えて、難治性の肌トラブルを劇的に改善させる方法を開発しました。

この章では、私自身が実践しているスキンケア法をご紹介します。もしかすると入手しにくいものも使っていますが、参考にはなるはずです。

私のメソッドの主役は、あくまでも常在菌（第２章参照）ですが、それを具体的に説明すると、大きくは次の４つに集約されます。

①クレンジング（メイク落とし）
②洗顔
③抗酸化

④デトックス
クレンジングと洗顔に抗酸化をプラスする

①と②は「肌の汚れを落とす」という意味では同じです。
肌トラブルが起きたときには、薬や新しい基礎化粧品に頼る前に、洗顔を見直しましょう。
まずは正しい方法でクレンジング（メイク落とし）と洗顔をすることが肝心です。正しい方法であれば、洗った後も肌の常在菌が元気に働いています。つまり、汚れだけを落として常在菌は落とさないクレンジングと洗顔がまず先決で、医療的なケアはその後です。

「クレンジング」と「洗顔」は誰でもやっていることですが、岩永式でやれば、老化度がまったく違ってきます。それは、クレンジングと洗顔に、③の「抗酸化」という手順をプラスするからです。

次項から、まずは「抗酸化」について説明し、その抗酸化をプラスしたクレンジングと洗顔の方法を紹介していきましょう。

抗酸化に寄与する物質

肌であれ体内であれ、老化の原因の一つに「酸化」があります。ですから、普通の肌のお手入れに「抗酸化」を取り入れて、余分な「活性酸素」の働きを抑えてほしいのです。

ここで注意してほしいことがあります。活性酸素のすべてが悪いわけではないので、よい活性酸素は残さなくてはいけないということです。悪い過剰な活性酸素は細胞を傷つけ、がん、心血管疾患、生活習慣病などの要因になりますが、よい活性酸素は細胞伝達物質や免疫機能として働きます。

ところが、「抗酸化作用があります」と謳っている市販品のほとんどは、善し悪しの区別なく活性酸素に作用します。ですから、摂りすぎるのは危険です。

私が抗酸化に寄与する物質としておすすめしているのは、「水素」と「ケイ素」です。食品や化学物質に含まれる合成界面活性剤の悪影響も、水素やケイ素を使うことで、かなり軽減されます。しかも、水素とケイ素は相性がとてもいいのです。

食べ物を厳選することはもちろん大事ですが、今の世の中で純粋で自然な物だけを食べることは難しいでしょう。どうしても添加物などは体内に溜まっていきます。ですが、水素やケイ素などを摂れば、摂取した添加物のある程度は、尿や汗で排出させることができるのです。

抗酸化におすすめは「水素」

活性酸素には４種類あります。４種類のうち２種類はよい活性酸素で、身体によい効果があります。逆に、最も凶悪で病気の元になる活性酸素がヒドロキシルラジカルです。

水素は、４種類の活性酸素の中から、ヒドロキシルラジカルだけを選択的に取り除くことができます。

50歳を過ぎると、体内のあちこちに炎症が起き始めるので、病気になりやすくなります。また、ミトコンドリアが減り、核酸も減っていきます。さらに、糖化と酸化も進みます。水素は、これらに抗する働きをします。水素は、体内に入れることで炎症、糖化、酸化を抑える、いわば「火消し役」です。

水素はまた、脳関門や子宮、そして骨の中までも入り込める唯一の物質だといわれています。脳や子宮は身体の中でも守られなければならないとても重要な部位ですから、いろいろな物質が入り込まないように神様が造ったわけですね。

さらに、水素はコラーゲン線維の活性化にも寄与します。

水素は、飲めて、吸えて、ミストにしてかけることもできるので、いろいろな方法で摂取することができます。私も水素風呂に入ったり、水素水を飲んだり、水素ガスを吸ったりしています。「水を飲む」利点については前述しましたが、どうせなら水素水にして飲みましょう。

将来、もっといいものが発見される可能性はあるでしょうが、少なくとも現段階では水素がベストと確信しています。

「ケイ素」も併せて使う

抗酸化に寄与するもう一つの物質は、「ケイ素（珪素）」です。地球上では酸素に次いで多い元素で、水晶などの鉱物にも多く含まれています。

ケイ素は人体に存在するミネラルの一つでもあります。といっても、人体中に0・026％しかない微量元素にすぎません。しかし、リンパ節、歯、肺、筋肉、腎臓、肝臓、脳、血液などに含まれているので、人体にとって欠かすことのできないものです。

ケイ素が不足すると、シミやシワが増え、白髪が増えて薄毛にもなります。爪が割れ、骨粗鬆症が進行します。血管が老朽化して動脈硬化の原因にもなり、脳神経細胞の修復が遅れることから認知症の要因にもなります。

逆にいえば、ケイ素が十分にあれば、免疫力が高まり、骨が丈夫になり、血管が強くなり、新陳代謝が活発になります。そして、肌の保湿力や弾力性が保持され、爪や髪が丈夫になります。

ですから、健康な皮膚組織を作るためにも、ケイ素は必須です。

今はケイ素を摂取するのが困難な時代です。食べ物としては、ヒジキなどに含まれていますが、そのような海藻を摂ることが少なくなった現代人の食生活では、ケイ素を補う物が少なくなってしまったのです。

摂取方法としては、いろいろな飲み物に入れて飲むといいでしょう。肌につけるだけではなく、飲んだほうが体中を巡り、効果を得られます。

クレンジングと洗顔の方法

いつものクレンジング＆洗顔に「抗酸化」を加える

肌の健康を保つうえで大事なのは、「顔の汚れを落とすこと」です。つまり、クレンジング（メイク落とし）であり、洗顔です。

メイクをする人は、日常的に肌が酸化（老化）しています。お化粧をすれば、誰でもクレンジングと洗顔をするわけですが、これまでは、そこに「抗酸化」の工程はありませんでした。

私のメソッドは、誰もがやっているこの2つに、抗酸化をプラスしたものです。それによって、肌の状態は俄然変わります。

抗酸化に使うのは、主に水素です。水素にもいろいろありますが、いろいろな製品を試したうえ、最も効果性が高く納得のいく製品を開発し、私自身やサロンで使っています。

クレンジング（メイク落とし）

クレンジング製品は、オイル系よりもジェル系がいいでしょう。オイル系のものは質によって大きな差があるからです。酸化防止剤や安定剤の入っていない高純度の製品でなければ、ジェル系のほうが安心です。クリーム系も乳化剤や安定剤が入っているので、あまりおすすめしません。

とはいえ、質の高い市販品を入手することはなかなか難しいかもしれません。「自然派」や「無添加」を謳っている製品でも、完全にオーガニックになっているとは限りません。

だからこそ、クレンジング剤と併用して、「水素」を使うことをおすすめするのです。普通のクレンジング剤に入っている添加物の悪影響も、ある程度は水素で打ち消すことができるからです。また、毛穴の汚れも、より落とすことができます（具体的な方法については１２４ページ参照）。

洗顔は安全な「純石鹸」で

私は洗顔法を極めれば極めるほど、素材や製法へのこだわりが一段と強くなりました。

一般的な洗顔石鹸のほとんどは、「ラウリル硫酸ナトリウム」という界面活性剤を含んでおり、この成分は肌に悪い影響しかありません。洗顔石鹸に石油系の合成界面活性剤が入っているのは、泡立ちをよくして洗浄力を高くするため、また安価に作るためです。

洗浄剤として肌にいいのは「純石鹸」です。純石鹸に勝るものはありません。

「固形純石鹸」であれば、成分は「脂肪酸ナトリウム」なので、肌にはいいでしょう。

ただし、一度開封してしまうと表面が酸素に触れてしまうので、使い始めた瞬間から酸化・劣化することは避けられません。その劣化したところを常に使わなければならないという側面が、固形純石鹸にはあります。


さらに、溶解速度（汚れを浮かし取るまでの速度）が遅く、汚れが肌に残りやすいというデメリットもあります。

しかも、製造上の問題で、固形石鹸には4％しか保湿成分を入れることができないので、肌が乾きやすいという難点があります。


では、液体の純石鹸ならいいのでしょうか。

実際、「液体純石鹸」というものがあります。成分は「脂肪酸カリウム」で、溶解速度が速いこともあって、酸化・劣化しにくいという利点があります。汚れもよく落ちます。

ただし、水酸化カリウムが入っているために脱脂力も高く、毛穴の中まで洗浄するので洗いすぎることになり、肌を乾燥させてしまうという問題点があります。製法上、分離するために保湿成分を入れられないのと、臭いがキツイのが難点です。

つまり、固形であっても液体であっても、市販品の純石鹸はアルカリ性が高く、乾燥しやすいということが共通しています。

私自身は、毎朝毎晩、純石鹸で顔を洗っていますが、使うのは少し特殊な純石鹸です。

それについては終章でご紹介します。

体内から毒素を排泄する

難治性の肌トラブルには、デトックスが必要不可欠

私の美肌メソッドの４つ目として挙げた「デトックス（毒素排泄）」とは、腸をきれいにして、悪いものを身体の外に排出するということです。

以前は食生活や生活習慣の見直しなどで肌が改善する人がほとんどだったのですが、最近ではこれらの方法程度では太刀打ちできないほどの難治性の肌トラブルが増え、それが年々ひどくなってきています。

そういう中でわかったのが、デトックス（解毒）の必要性です。

難治性の人は、いったん消化管（食べ物を吸収する口から排泄するまでの経路）をきれいにしないと、消化と吸収がうまくいかないだけでなく、毒素がそのまま栄養素とともに体内に吸収されるというリスクがあります。

腸をきれいにしなければ、血液も汚れた状態のままです。身体の細胞に栄養素を送る血液が

汚れたままで体内を循環しているのですから、たとえすぐに症状が悪くならなくても、少しずつ影響は出てくるはずです。

ですから、体内の循環を円滑にするために、毒素の排出が必要になるのです。

水素やケイ素を飲むことで、摂取してしまった合成添加物をある程度、体外に排出できることは前述しました。しかし、体内の循環が悪い人は、それだけでは排出できません。毒素が固まって溜まってしまっているからです。

そういう人には、エネルギーの高い油などを使ったオイルマッサージ療法（後述）をおすすめしています。オイルを塗るだけで流れがよくなるので、毒素も排出されやすくなります。

私のサロンでは脊柱のリンパマッサージや腸の毒素排泄をおすすめしているのですが、デトックスにも自分自身でできることと、サロンに来なければできないことの両方があります。この項では、自分でできるデトックスについて説明していきます。

日常生活でできるデトックス

家でも気軽にできるデトックスには、次のような方法があります。

①適度な運動で汗をかく

知らず知らずのうちに体内に溜まっている毒素が身体の外に排出される経路には、汗、便、尿、そして髪の毛や爪があります。

とくに有害金属（水銀、鉛、アルミニウム、カドミウム、ヒ素、ニッケル、スズ、ベリリウムなど）は汗から出る傾向があるので、適度な運動で汗をかきましょう。

②十分な休養・睡眠を取る

免疫力を維持すれば、体内の循環がよくなり、有害物質の排出につながります。免疫力を維持するためには、栄養を摂ることはもちろんですが、十分な休養・睡眠も必要です。

③食物繊維の多い食べ物を摂る

体外に有害物質を排出するのに寄与するのは食物繊維です。食物繊維を多く含んだ豆類、海藻、野菜、魚、芋などを摂ることは、デトックスになります。また、必然的にミネラルやビタミンも多く摂ることになります。

④毒素を体内に入れない

毒素を排泄する以前に、なるべく体内に入れないことです。プラスチックやアルミニウムの容器などを避け、化学製品をなるべく使わないようにし、添加物の多く含まれた食品を口にしないようにしましょう。

さらにハイレベルのデトックス

①ひまし油湿布（温熱パック）

少し準備が必要でハードルが高いと感じる人もいると思いますが、自宅でもできるデトックスとして温熱パックを使った「ひまし油湿布」があります。

水素やケイ素でも、ある程度は毒素の悪影響を打ち消せるものの、腸内に長年溜まった化学物質・添加物・重金属などを排出することはできません。それらが原因で発生する症状を、少し消すことができるだけです。

その原因の大半を取り除けるのが、ひまし油（トウゴマから採れる植物油）です。ひまし油を塗って肝臓に当てる「ひまし油湿布（温熱パック）」は、免疫機能を高め、腸壁から毒素の排泄を促すデトックス方法です。ただ塗るだけで、特別なものを飲んだり、断食したりする必要はありません。

一般的には、３日行って４日休むサイクルで行います。考え方としては、インドのアーユルヴェーダ（インドの伝統的医学）に近いでしょう。

図6　ひまし油湿布の作り方

図7　ひまし油湿布のやり方

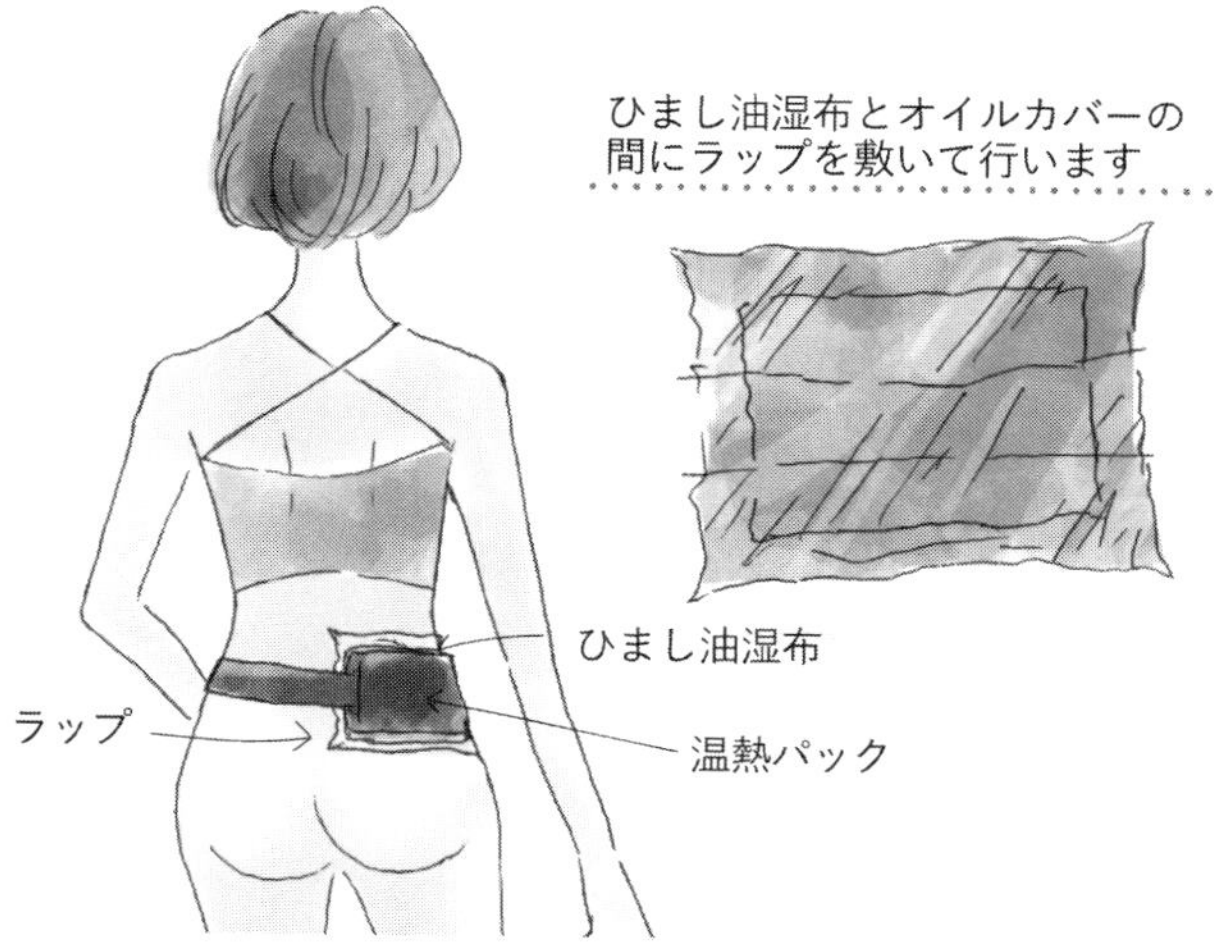

とくに、体内の循環が停滞している病気の人におすすめです。基本は肝臓ですが、腸や子宮が悪い人はお腹に、腰が悪い人は腰に、肩が悪い人は肩に当てます。当てた部位から茶色い液体が出ることがありますが、それが毒素です。ただし、出ない人もいます。反応は人それぞれで、液体ではなく、尿の臭いが強くなったという人もいます。

次のような禁忌もありますので、やり方をよく読んで実践してください。

［禁忌事項］

・進行した肝臓がんや肝硬変などで肝臓が疲弊している人は行わない
・体内にアルコールの影響が残っているときは控える
・生理中にやってはいけない（出血が増え、生理不順になる）
・妊娠中なら、パックを温めないで行う

このデトックスをした後は、必ず積極的に水を飲んで、肝臓と腸壁を洗い流してください。いったん腸から毒素が出ても、体内に残っていると、その毒素はまた胆汁に戻ってしまうので、終わったら必ず水を飲みましょう。

ただし、お茶やコーヒーなどカフェインを含むものや、清涼飲料水は避けてください。

なお、ひまし油にもピンからキリまであります。劣化したオイルや不純物を含んだオイルはとても危険です。なぜなら、人間の細胞はオイルを吸収するので、悪いものがどんどん皮膚から入ってしまうからです。ですから、ご自分でやる人は、本当によいひまし油を使ってください。私はオーガニック認定のものを取り寄せています。

②腸洗浄

ひまし油湿布で足りない人には、「腸洗浄」をおすすめしています。

体温程度に温めたお湯に塩と重曹を溶かした溶液で、大腸を洗う方法です。腸の中に腐敗物が溜まっている人のお腹には悪い菌が溜まり、よい菌は息を潜めて棲息しています。それを一度きれいにすれば、バランスが戻ります。

今は腸内洗浄キットが市販されているので、自分でやることも可能です。

その場合には、水道水ではなく、人肌に温めた浄水でやってください。体液と同じパーセンテージの塩を入れる方法もあります。

肌トラブルや体調が深刻な人へは、ひまし油湿布と腸洗浄をサロンでレクチャーしています。

図8　腸洗浄の準備

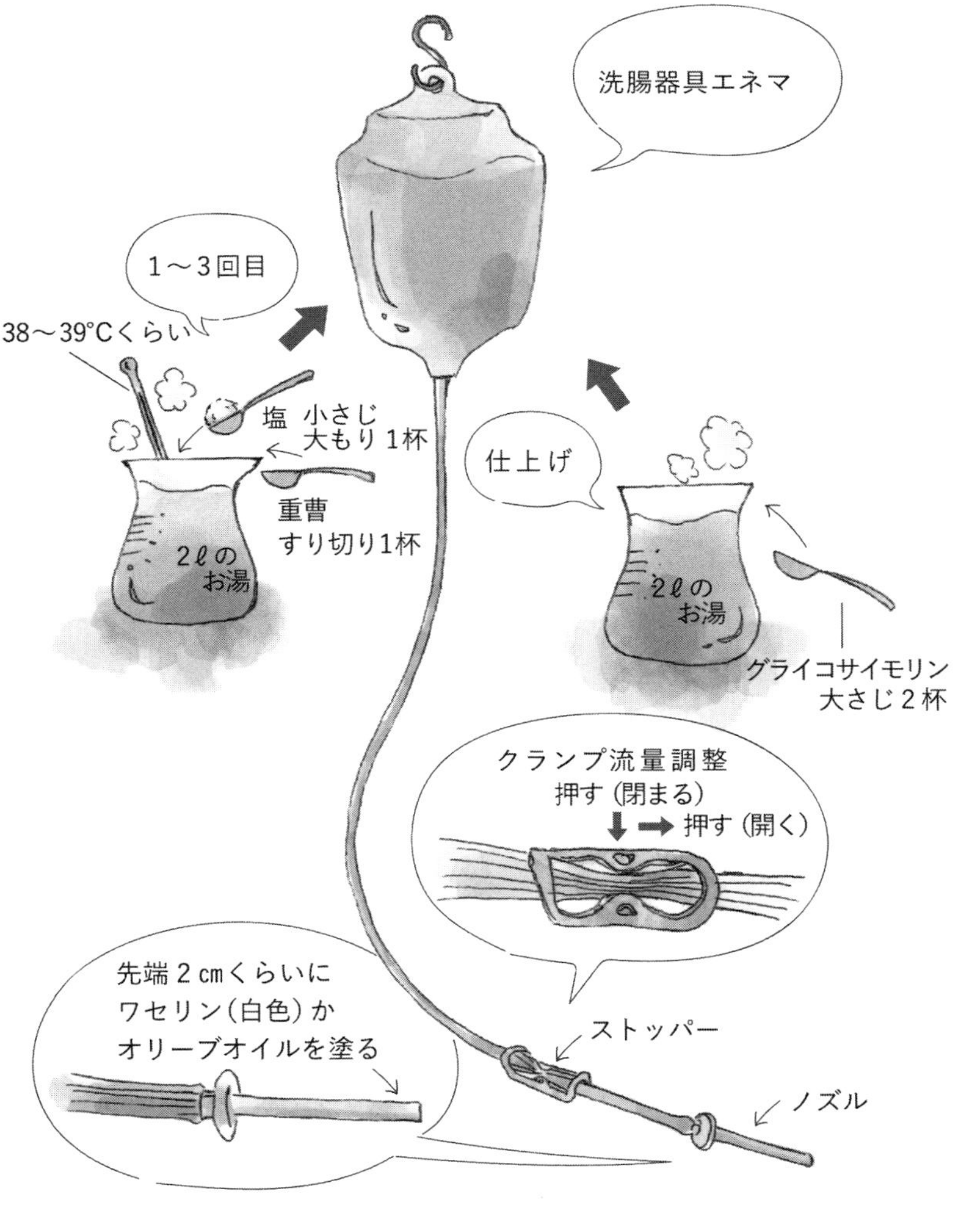
洗腸器具エネマ
1〜3回目
38〜39℃くらい
塩　小さじ
大もり１杯
重曹
すり切り1杯
2ℓの
お湯
仕上げ
2ℓの
お湯
グライコサイモリン
大さじ２杯
クランプ流量調整
押す（閉まる）
押す（開く）
先端２㎝くらいに
ワセリン（白色）か
オリーブオイルを塗る
ストッパー
ノズル

図9　腸洗浄のやり方

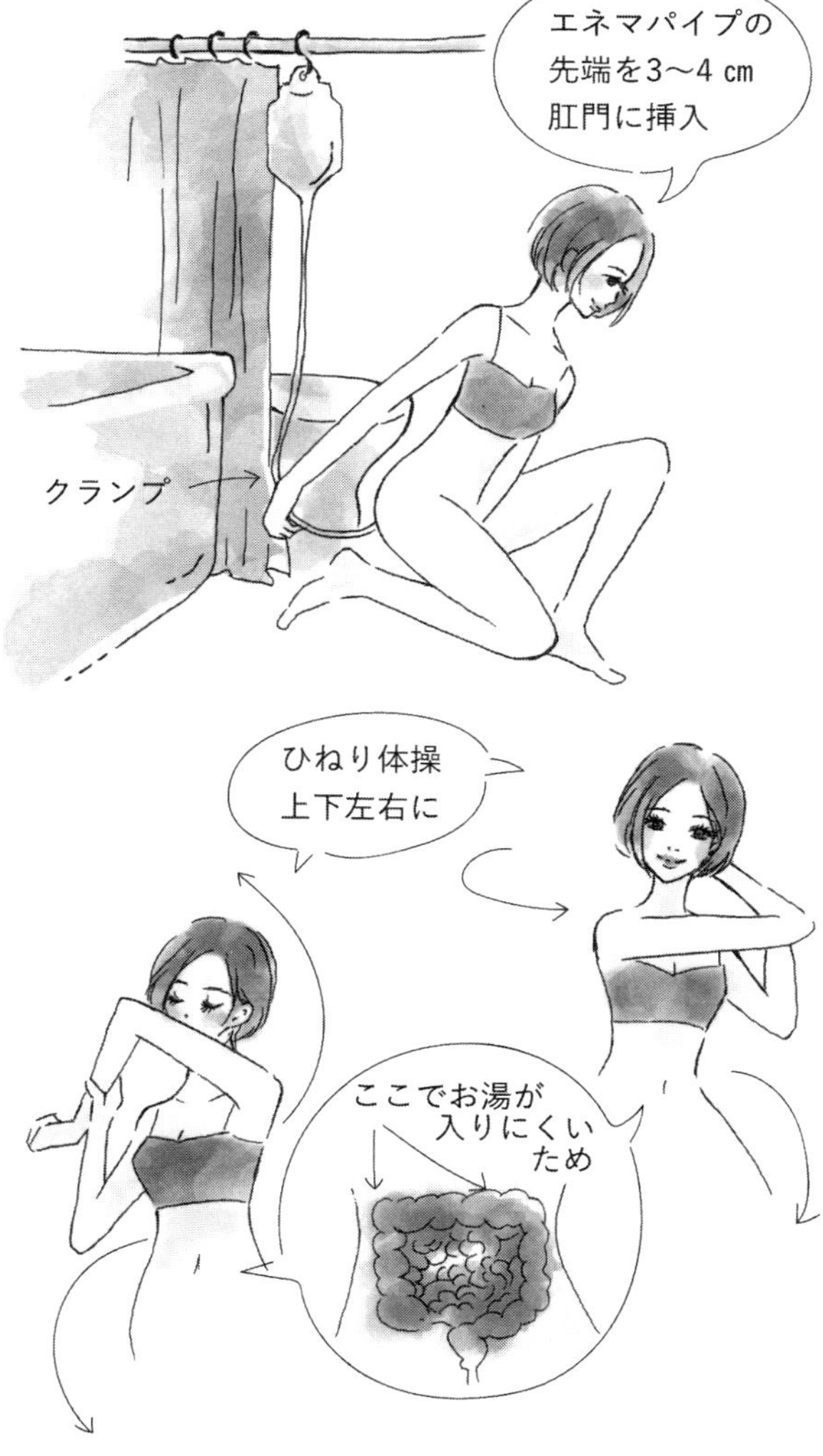

基礎化粧品を使うコツ

化粧水はシンプルなものを

基礎化粧品の目的は、肌上の常在菌を元気な状態で育成すること、最適なバランスをとることです。そのために最も重要なのは「保湿」です。保湿の基本は「水」であり、化粧水の本来の役割は「水分補給」です。洗顔後の肌は無防備に給水します。ですから、化粧水の成分や添加物にはとくに注意しなければなりません。理想は、細胞液に最も近い成分でしょう。

市販の化粧水で注意すべきなのは、保湿成分の高配合を謳っている製品です。なぜなら、それにはそれ相応の防腐剤が含まれています。化粧水は粘度が低く、菌は栄養成分を求めて自由に動き回ることができるため、最も腐りやすい製品だからです。

肌には十分な水分を与え、常在菌を元気にする肌環境を整える必要があります。

クリームは極力少なめに

乾燥肌だからと、クリームや乳液を塗る人が多いのですが、そのような油分を肌につけるのは肌にとってよいことではありません。

前述しましたが、油分をつければつけるほど、自分で油分を補う力が弱まり、乾燥は進みます。肌の脂が少ないときに脳から出るはずの「皮脂を分泌せよ」という指令が、外から油分を乗せることで出なくなるからです。

とはいえ、高齢になると、皮脂を分泌する力が弱くなります。そうなると、クリームを塗らないことには肌が突っ張ってしまうこともあるでしょう。

また、若くても油分を補うことが必要なときはあります。肌トラブルが治って皮脂腺が適切な油分を出せるようになるまでは、少しだけ補うことも必要です。

私のサロンに来た人には、基本的に肌トラブルが治るまでは余計な成分を乗せさせません。水分を溜め込む力も、油分を出す力も弱い人にとっては、その機能を取り戻すことが目指すべきゴールだからです。

油分を少し補わなければならない人の場合は、どんな油がいいのでしょうか。こちらも水の補給と同様、人の皮脂に限りなく近い組成のものをおすすめしています。

肌に油分を乗せれば、肌の常在菌がそれを食べます。その常在菌が消化不良を起こして弱ってしまったことが肌トラブルの原因なのですから、どんな油分を乗せるかは、とても重要です。

油分を補うにあたっては、ほとんどの市販のクリームには酸化防止剤や乳化剤が使われていて、油の質（純度）もピンキリだということを覚えておいてください。

なお、オイリー肌の人は皮脂が出すぎているわけですから、クリームを塗る必要はもともとありません。逆に、オイリー肌の人は黄色ブドウ球菌が出ないように、油分を取り去ることに主眼を置いてください。

メイク用品について

ファンデーションは不要

メイクにはファンデーションのクリームが必要だと思っておられるかもしれませんが、今主流になっているものは鉱物性の油を多く含んでいるので、おすすめはしません。皮膚は排泄器官ですから、呼吸をさせたほうがいいにもかかわらず、油を塗ることでふさいでしまっているからです。

さらに、肌に乗った油が紫外線に当たれば、焼けたり酸化したりするので、よけいに肌への負担が高まります。

ですから、クリームタイプのファンデーションは、なるべくつけないことです。ファンデーションをつけるにしても、ライトなパウダーくらいで、皮膚呼吸を妨げないものをおすすめします。

私はファンデーションをつけません。つけるのは、日焼け止めと、パウダーだけです。

そもそもシミなどのトラブルは、上から隠すのではなく、元からなくすもの。肌自体をよくして元気にしないと、それは実現できません。

アレルギーの人はもちろんですが、丈夫な肌の人、たとえ60代の人でも、方法を変えるだけでファンデーションは要らなくなるはずです。

日焼け止めは注意して選ぶ

私はパウダーの前に、日焼け止めをつけます。紫外線は肌や遺伝子を傷つけるので、必要なのです。

ただし、日焼け止めはシミの原因にもなる有害物質が含まれていることも多いので、注意しなければなりません。紫外線散乱剤には酸化チタンが含まれていますが、それは肌の上で活性酸素に変化します。つまり、シミを予防しようと日焼け止めを塗ることで、逆にシミの原因を作り、肌を傷つけているということです。

とくに、ＳＰＦの高い日焼け止めは肌への負担になるので、注意が必要です。

私は、細胞を修復する成分を併用することで、酸化チタンの影響を取り去っています。それにより、これまでの日焼け止めのリスクをかなり軽減することに成功しました。

第4章

根本的な改善には「意識改革」も必要です

気持ちの持ち方も大きな要素

生活習慣を変える「意志」を持つ

第2章と第3章で、「やるべきこと」「避けるべきこと」などを述べてきましたが、それをまじめにやる人とそうでない人とでは、結果に大きく差が出ます。

たとえば、何かを肌につけるときでも、しっかり肌の汚れを取ってからつけるのと、半分汚れを残したままつけるのとでは、結果がまったく違います。

ニキビがひどいので「油が入っていない通気性のよいメイク用品を使ってください」とアドバイスしたのに、なかなか治らない人がいました。おかしいなと思い、よく聞いてみると、人前に出るときにはニキビを隠すために、通気性の悪い油に添加物が膨大に入った製品をベッタリとつけていたのです。しかも、それをきちんと落とさずに、寝ていたといいます。

アドバイスを守らず、それでいてメンタルが弱く、打たれ弱い人は本当に治りません。肌トラブルを改善するためには、あなたの自覚と意志も大切なのです。

「なるべく夜12時前には寝る」「夜中にスナック菓子は食べない」「疲れて帰宅しても、メイクだけはクレンジングで落とす」など、何が原因で肌トラブルを悪化させているのかという自覚と、それを改善するために努力するという意志を、ある程度は持たないと治るものも治らないのです。

なかなか改善されないので問診したところ、実は顔を洗わずに寝ていることがわかり、きちんと洗顔してもらっただけで改善が進んだ人もいます。

肌に悪いことはしない、あるいは少しでも控えるという意志を持ち、それを実践することが大切です。完璧に実行できなくても、つい妥協してしまうことがあっても、あきらめず、少しずつでも前に進んでいくことが、あなたの肌を確実に変えていくのです。

肌の状態は潜在意識にも左右される

肌細胞は、体内に取り込んだものに反応します。肌は身体のスクリーンのようなものですから、内臓の影響も如実に現れますが、意識の影響も受けます。ですから、肌トラブルを含む身体の不調の改善には、「気の持ちよう」も大切になるわけです。

「プラセボ効果」という言葉をご存じだと思います。暗示や思い込みだけで得られる効果のことですが、実際、肌がとても弱っている人に、「有効成分が入っています」と伝えた化粧品でケアしただけで、よくなる人も少なくありません。

このように、意識が肌にも現れるということは、意識を変えるだけで治癒力も上がるということです。その意識を変えると同時に、食べ物も含めた生活習慣も変えていけばいいのです。

私の経験からいえることですが、「この肌トラブルは解決する」「必ずよくなる」と信じた人は、改善するスピードが速くなります。

私が紹介した方法に納得がいけば、信じてやってみてください。「信じない人は治りが遅く、信じた人は治りが早い」。これは、私自身の経験則です。

情報を見極め、考える力を養う

マスコミに騙されない

私たちの生活は、常に選択の連続です。何を買うか、何を食べるか、誰に投票するか……。それぞれを選んでいくのに必要なのが、「正確な情報」を見極める目です。そうでないと、いろいろな情報に翻弄されてしまうでしょう。美容情報もまたしかりで、何がいいのかわからず、いわゆる「コスメ難民」になってしまう人が少なくありません。

巷に情報は溢れています。でも、偏った情報や間違った情報が、マスコミによって垂れ流され、インターネットによって拡散されています。

一例を挙げましょう。バターは動物性でマーガリンは植物性だから、身体にいいのはマーガリンだと信じている人はいませんか？　しかし、マーガリンはトランス脂肪酸が使われているので、実は身体によくないのです。

オリーブオイルでも、半分程度エキストラバージンが入っていれば、製品として「エキストラバージンオイル」と謳えるので、実際に100％バージンかどうかは、自分の目で確認するしかありません。

食品業界も、化粧品業界も、身体に悪いものを製品にして販売しています。マスコミがほとんど指摘しないのは、コマーシャリズムが蔓延しているからです。広告費を収入源とするテレビ局は、大手のスポンサーの商品を悪く言いたくありません。ですから、テレビの情報は情報操作されているといっても過言ではないでしょう。

「防腐剤は入っていません」と謳っていても、名称を変えて入れているメーカーもあります。私自身が成分研究所におりますので、入れずに作ることがどれほど大変かはよくわかりますが、消費者にはそれを見極めてほしいのです。

他の誰でもない「あなた」に合うものを探す

合うものは人によって異なる

情報に翻弄されず、肌に悪いものを避け、よいものを「選ぶ力」を身につけることが大切になるわけですが、何がよいのかは、それぞれ人によって違います。一人ひとり顔立ちも体質も違うのですから、違って当然です。他の人が食べても大丈夫な食品なのに、自分が食べるとジンマシンが出る、ということはよくあります。また、若いときには普通に食べていた食品が、歳をとってくると身体に合わなくなってくる、ということもあります。どんなによい食べ物でも、胃腸の弱い人には刺激となって消化不良を引き起こし、栄養どころか腸内毒素になることもあります。ですから、「あなたの身体」がそれを消化して栄養として吸収して喜んでいるかどうかが、食べ物を選ぶときの大切な基準になります。

肌につけるものも同じです。オーガニックや無添加がよいのはいうまでもありませんが、ある人にはよかった製品が、別の人は合わなかったこともよくあります。いくらよい成分でも、十人に合う配合とは限りません。実際に、肌に乗せてみて肌がどうなるのかに着目しましょう。

真剣に考えてみましょう

自分のこととして考えない人が多すぎる

添加物をあまり摂らないほうがいい、ということはよくいわれます。電磁波も浴びすぎるとよくないともいわれます。紫外線が老化の原因になることも知られています。

ほとんどの人は、こういう情報に触れているはずです。しかし人間は、自分の身に実感を伴って降りかからないかぎり、本気で立ち止まって考え、実行しないものです。単なる「知識」でとどまってしまい、本当に立ち返るということをしないのです。「気づき」も浅いままで終わってしまいます。

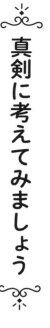

安く買えて、手軽に使えて、見栄えがよくて、おいしいものを追求していくと、どうしても化学製品や添加物の多い食品に行き着きます。

日本は、他の先進諸外国では認められていない添加物でも、1500種類くらい認可しています。微量かもしれませんが、毎日食べれば、それなりに蓄積されるはずです。「国が認めているのだから大丈夫」などと判断するのは、あえて思考を停止しているとしか思えません。

昔と比べ現代は、野菜の栄養価が低下し、ビタミンやミネラルなどの摂取量が減っています。それに伴い、体内から毒素を排出する能力も低下しているため、毒素は腸と子宮に溜まっています。とくに合成界面活性剤などの化学物質は、最も子宮に溜まるといわれます。

もっと真剣に自分のこととして、この状況を憂慮すべきではないでしょうか。

少しずつでも現状を変えていく意志が必要です。どうか自分で考えるための基本的な知識を身につけて、実践してください。

意識が変わらなければ何も変わらない

繰り返しますが「意志」や「意識」は大事です。人の生き癖や生活習慣、トラウマなどは、なかなかすぐに改善できるものではありませんが、それがあなたの身体を悪くし、肌の状態を悪化させ、膨大な時間と費用と精神力を費やしていることに気づくことができれば、改善を始めることができます。

薬などに時間や費用などのエネルギーを費やして、それで治ればまだいいのですが、薬だけで根本的に治ることはないでしょう。元の「意識」が変わらなければ、どうしても再発してしまいますから、意識から変えるしかありません。

意識の大切さという意味では、私が施術するときには、お客様の意識だけでなく、お客様に触れる私自身の意識も大切だと思っています。それは、私の手からも意識が出ていると信じているからです。自分の意識を高めていくことで、お客様にもよりよいものを届けられると信じています。私が、改善を望む人には改善を、答えを求めている人には何らかの答えを渡せているのは、そのためではないかと思っています。

あなた自身の意識が今の地球環境をつくり、それはあなたの身体とも無関係ではないということです。

化粧品の成分にもこだわる

基礎化粧品を選ぶときに「成分を見て判断しなさい」と言っても、素人にはとても無理な注文でしょう。私が専門書で調べても難航するほどですから、メーカーはわざとわかりにくく記載しているとしか思えません。ですから、あなたがそこまで究めることはありません。

とはいえ、化粧品の作られる仕組みとか、業界の仕組みがわかってくると、一つひとつの成分を調べなくてもわかってくるものです。

なお、同じ成分でも、ランクはピンキリです。当然、値段が違ってきます。安い化粧品にどれだけ良質な成分が入っているか……残念ながら期待できないでしょう。そういうところも判断基準になると思います。

では、高いものならよい成分がしっかり入っているかといえば、それも違います。前述したようにテレビＣＭや高級ブランドを載せた雑誌で宣伝している有名企業は、ビックリするほど多額の宣伝費をかけています。製品の価格には、その宣伝費が入っていると考えるのが妥当でしょう。

女性だからこそ考えてほしい

とくに、母親になる可能性のある女性は、自分一人の問題ではありません。母親が、自分の身体に有益なことと有害なことを知って子どもに伝えているのといないのとでは、子どもの成長に大きな差が出ます。

妊娠中の食生活は胎児に影響します。化学物質を多く含んだコンビニのお弁当などを食べていては、子宮の羊水が汚れ、胎児の体内にもその毒素が入り込みます。

妊娠したからといって、急に食生活を変えることは難しいでしょうから、普段から心がけておくべきです。

あなただけの問題ではないのです。今、肌について悩んでいるご自分と同じ悩み、苦しみをお子さんに味わわせたくはないですよね。命を産む性であることもまた、意識していただきたいことの一つです。

終章

難治性肌と向き合ってきた年月

改善に導くための成分を求めて

市販の化粧品への疑問

大手メーカーの化粧品は、市場の原理に基づいて、肌を「乾燥肌」「敏感肌」などと効率的に分類します。人の肌質を数種類に分けて、「乾燥肌ならこれを」「敏感肌ならそれを」と化粧品を紹介します。

しかし私が日常的にいろいろな人の肌と関わってきて感じたのは、肌も十人十色だということでした。性格や体質と同様に、肌質も人によって全然違うのです。それをひとくくりにして、短絡的に化粧品をすすめる方法が本当にいいのか、と疑問に感じざるを得ませんでした。

市販の化粧品とお客様のお肌が求めているものとの間に齟齬《そご》を感じた私は、美容室とエステサロンを経営しながら、セミナーや勉強会にもかなり参加し、あらゆる方法を試してみました。まずは、自分自身が実験台になり、検証しましたが、なかなか納得のいく製品に出合えませんでした。

そこで、それらの化粧品の成分分析を始めました。その結果、肌にとってよい成分は少ししか入っておらず、そうでないものがほとんどを占めているということがわかったのです。

そこからの私は、なんとかよい化粧品をお客様に届けようと、40年以上、試行錯誤を続けることになったのでした。

こだわりのスキンケア製品との出合い

そして2006年、こだわりのスキンケア製品の開発を実現している会社に出合いました。成分にこだわったその製品を使い、肌の改善コンテスト（施術したお客様の改善の度合い、速さなどを競う）で8年連続の最優秀賞・優秀賞を受賞し、殿堂入りを果たしました。

その肌再生の理論との出合いから15年、幅広い肌トラブルを改善してきました。沈着しているシミや、進行しているたるみ、それらを改善するにあたって早い段階での結果が見込めました。ポイントは、美白剤と高濃度活性成分です。これらを作用させ、機能低下した表皮層を入れ換えると同時に、シミを排出させるという仕組みでした。

長年の悩みが数カ月でおもしろいほど改善するので、お客様には喜ばれ、信頼関係が深まりました。うわさが広まり、月に650人もの来店がありました。

けれどもやがて、お客様の肌環境が変化していき、これまでのやり方が通用しなくなりました。肌が私の思惑どおりに動かなくなったのです。それまでも機能低下して弱った肌を微調整しながらなんとかV字回復させてきたのですが、どんな手を尽くしても過剰反応する肌をコントロールできなくなり、悩ましい日々を送ることとなったのです。

原因を究明していくと「ストレス」に行き着きました。もともと肌にとって不慣れな成分や濃度を入れ込むことによるストレスは想定内でしたが、順応性低下による過剰反応は成分の効果を上回る現象でした。

そのストレスを軽減するために思いついたのが水素でした。試行錯誤の末、それまでとは違うメソッドができあがりました。

まず、結果の出方がさらに早まりました。そして、肌の仕上がりが見事でした。肌ストレスをコントロールすることで、プログラムを優位に進めることができたのです。お客様の過剰反応に悩まされた末の、意外な恩恵でした。

この世にないから自分で作るしかなかった

いったい何のために、女性はお金と時間をかけて肌によくない一般化粧品をつけているのか、という疑問は常にありました。大手メーカーはなぜ、よくない成分を入れてまで製品を作り、高額で売るのか……使わないほうがましではないかという考えまで持つようになりました。

しかし、化粧品を使わなかったら、肌は老化の一途を辿るだけ。

とはいえ、傷だらけの肌にとって一般の化粧品はもってのほかです。私は弱った肌が元気に回復するような製品を追い求め、この4～5年、夜な夜な実験室にこもって模索し続けてきました。

どのような成分が本当の意味で肌にいいのか、妥協できない性格が、今も理想的な製品を追い求めています。髪がきしまない、安全なシャンプーも作りました。今までにないものを作り出す苦労は並大抵ではないことを実感しています。

私製の「純クリーム石鹸」

純石鹸がいいことはすでに述べましたが、私は「純クリーム石鹸」も開発しました（特許を取得した2つの技術を用いています）。純石鹸のクリーム版ですが、従来、そんな製品は存在しませんでした。クリームにするには油と水を混ぜ合わせる乳化剤を入れないとできなかったからです。乳化剤は界面活性剤ですから、これを肌によい成分だけで作るのは至難の業でした。

独自の特殊技術で乳化剤を入れずにクリーム状にすることに成功しました。その結果、溶解速度（汚れが落ちるスピード）が速く、泡切れがいいため、洗いすぎの心配がなく、余分な成分も肌に残りません。しっかり汚れが落ちるのに、限りなく肌にやさしい究極の洗顔フォームが完成しました。保湿成分を20％も配合（一般の固形石鹸が4％未満）したのですが、その保湿成分とは、これ以上精製できないくらいまで高度に精製した最も高価なホホバオイルです。ホホバオイルは分子構造が人肌と似ていて炭素の数が近いので、最も肌に馴染みやすいのです。肌の常在菌も、自分たちと同じ組成であるホホバであれば、植物系の中でもとくに喜んで受けます。

もちろん、防腐剤、乳化剤、界面活性剤は入っていません。

クリーム状で容器保存が可能になったため、酸化・劣化しない純クリーム石鹸が誕生しました。私のお客様で、ベビー石鹸でも洗顔ができず、クレンジング剤も染みて、痛くてヒリヒリして、その後顔が赤くなってしまうため、いつも水ですすぐことしかできなかったという方がいました。

その方に、私の石鹸で一度洗ってもらったところ、「あの石鹸は何なんですか?」ととても驚かれました。「初めて洗顔料を使えました」とおっしゃったのが印象的でした。

開発した水素の機械

洗顔の目的は汚れを落とすことですが、常在菌を守りながら汚れを落とすことが肌にもベストな洗顔法だといえるでしょう。

私は長年、お客様の肌のケアをしてきましたが、水素を取り入れたときから、驚くほど改善のスピードが速くなりました。

肌トラブルを調べると、内面からのさまざまな要因を無視できません。中と外のストレスをしのぐために、水素の活用は不可欠です。

水素もピンからキリまで売り出されており、消費者センターから指摘されるような製品も出回っています。肌にミストでかける水素は、高濃度でなければ意味がありません。謳い文句だけを見ると、あたかもすごい製品のように見えるものもありますが、ｐｐｍ（濃度を示す数値）の表示だけで判断してはいけません。発生時点では濃度が高めであっても、取り込むときにはほとんどなくなっていることも珍しくないからです。

私は純水素をそのまま使っているので、濃度は一般的な水素の数百倍です。これを飲む・吸う・ミストでかけることが重要なので、サロンだけではなく、自宅での洗顔や化粧水、ミストなどで使ってもらっています。サロンでは一連の施術に取り入れ、家庭ではクレンジング洗顔ミストで使います。高濃度水素ミストは、洗顔後の水道水に入っている活性酸素を洗い流す役割を果たしてくれるのです。

サロンでは、水素ミストをかけるほか、「針を使わない水素点滴」という、水素を圧力で直接皮下へ打ち込む施術でも使っています。水素ガスが皮下3～4㎜まで入り、顔に注入すればシミが薄くなり、リフトアップします。真皮よりも奥の皮下組織まで届くので、毛細血管が張り巡っている皮下組織にまでアプローチできて早いのです。当然、真皮にも好影響が出ます。

常識を超えたケイ素製品

ケイ素は身体の中で接着剤のような役割を果たしていますが、年齢とともに減少していきます。「40歳を過ぎると半減する」といわれていますが、自分で作ることができないミネラルです。食べ物からの吸収力が低いので、外から補うために、ケイ素のサプリメントなども発売されています。粉末のものもありますが、水溶性でなければ効率よく体内に吸収されることはありません。水溶性であっても、ケイ素の含有量が少ない商品もあります。

私は市販されているケイ素を全部試しましたが、濃度帯と製法について納得がいかなかったので、自らケイ素製品も作りました。普段、自分で使っているのは、そのケイ素です。

こだわったのは、次の3点です。

①カリウム製法で製造　ケイ素だけでなく、食事では補いきれない必須ミネラルのカリウムも一緒に補うことができます。

②濃度は最高濃度といわれる１８０００ｐｐｍ　濃縮タイプなので、効率的にケイ素を吸収できます。

③水は、純水を使用　ケイ素の濃度は、使用している水によって違いが出ます。一般的には、濃度を上げるのに便利で安価なミネラル水が使われていますが、私はミネラル水ではなく、限りなく純度を上げるために純水を使っています。にもかかわらず、１８０００ｐｐｍという濃度は、ケイ素の精製度が高い証でもあります。

なお、水素の抗酸化については前述しましたが、ケイ素は水素と最高に相性がよく、水素の抗酸化力を復活させ、力価を上げる働きをするので、この２つは極力一緒に摂取することで相乗効果が生まれます。

プラセンタの活用

プラセンタは「傷を修復する薬」ともいわれ、ケイ素もそうですが、昔は盲腸の手術の後、縫ったらすぐプラセンタをつけたといわれています。

コラーゲンやエラスチンなど、いろいろな美容成分がありますが、高分子のものは肌に入りにくいものです。しかし、プラセンタのような低分子のものは入りやすく、しかもプラセンタ自体が細胞との親和性や浸潤性が高く、とても相性がいいのです。

私は20代の頃、ドイツの医薬部外品のプラセンタジェルで、多くのお客様の肌トラブルを改善してきました。当時は口コミで広まり、予約が殺到したのを覚えています。けれどもその製品の輸入が止まったため、それ以来、理想のプラセンタを求めてきました。

プラセンタには肌に必要な成分がすべて含まれています。一人の人間（赤ちゃん）を作るほどですから、肌の活性作用・修復作用については最も優秀な物質だといえるでしょう。人間のタンパク質（EGF）は加齢とともに減少するため、肌の老化が加速するのですが、EGFを補うにはプラセンタが一番です。

ところがプラセンタには、製造過程で熱処理を施さなければいけないという問題があり、そのため、主要成分のタンパク質（EGF）は破壊され、せっかくの活性力を失ってしまうのです。

この類まれな活性成分を温存するために、私たちは特許製法によって、世界で初めて熱処理をしないプラセンタを作りました。完全非加熱で、EGFを極限まで残したのです。その結果、傷だらけの肌やニキビを修復することができただけでなく、年齢を重ねた肌がみるみるよみがえっていく様を見て、究極のアンチエイジング効果を確信しました。

プラセンタは、サロンでは機械を使って深部へ導入しますが、家では洗顔後、直接肌につけて使用します。普通のプラセンタは酵素分解や熱処理をしていますが、私は出産時の胎盤から抽出した組織液から不純物を全部取り除いて、残った有効成分100％の完全非加熱生プラセンタだけを使用しています。

今後、細胞修復の美容成分として私が重視していきたいのは、生プラセンタです。それでさらに肌を改善していきたいと思っています。

肌・唇の微生物バランスを整える

最近は唇の荒れを訴える人が増えています。ビタミン不足、ストレス、空気の乾燥、口紅の添加物、唇をなめる癖など原因はさまざまですが、唇もまた過酷な環境と闘っているのです。

唇の常在菌であるプロピオン酸菌とコリネ微生物が優勢であれば、理想的な保湿成分が生産されて、ツヤのある、ふっくらとした唇になります。とくにプロピオン酸菌は唇を弱酸性に保ち、他の菌の繁殖を防ぐ役割を担っています。プロピオン酸菌が少なくなると、口唇ヘルペスや口角炎の原因になります。

ただ、ワセリンでしのぐだけのリップではなく、私たちは唇と肌の健康を考えて、プロピオン酸菌を育成するリップクリームと顔につけるクリームを開発しました。常在菌が元気になることで、肌の健康回復が早くなり、とくに、アトピー、アレルギーの人には喜ばれています。

私のオリジナル美肌法

水素パウダーとケイ素水溶液を使ったクレンジング法

クレンジングには、自分で開発した超微粒子の高純度水素発生パウダーを使います。とても細かいので肌への刺激がなく、直接肌の上でクルクルと回してつけても大丈夫なパウダーです。

私のおすすめの「抗酸化クレンジング」の方法をご紹介しましょう。

クレンジング時に高純度水素発生パウダーを混ぜて使います。まず、パウダーをスプーンで手のひらに取り、水3〜5滴（お持ちの方はケイ素水溶液がベスト）を落とし、指先で溶かします。

そして、通常より少し多めのクレンジング剤を手に取ります。クレンジング剤を手で温めながら水素を混ぜるイメージで、両手で20回程度混ぜ合わせ、顔全体になじませます。

手のひら全体を使い、ゆっくりとすべらせるようにクレンジングします。

とくに頬は顔の中でも敏感な部分なので、圧や摩擦には気をつけましょう。

やりすぎると肌トラブルを悪化させるので、やりすぎは禁物ですが、鼻の皮脂のザラつきが気になるなら、そこは多少多めにやっても大丈夫です。

クレンジング中にザラつきを感じたらやめて、手に水を含ませ、滑りをよくします。ザラつきのあるままでやると肌を傷め、肌トラブルを悪化させてしまう可能性があります。このクレンジング法はスクラブクレンジングではなく、水素を肌になじませて水素の効果で酸化汚れを取り除く方法です。

また、高純度水素発生パウダーと混ぜるケイ素水溶液は、前述したカリウム製法のものをおすすめします。ケイ素のみならず、肌にとっても必要不可欠なカリウムも含まれているので、一石二鳥の働きになるからです。

肌によって、30秒〜1分以内で行います。

最後に、水または体温に近いぬるま湯できれいにすすぎます。洗い流すときにも手や指でごしごしとこすって摩擦しないように気をつけましょう。

そして、タオルで水分を吸水しながらやさしく拭き取ります。

「純クリーム石鹸」と水素パウダーを使った洗顔法

洗顔には、私が開発した「純クリーム石鹸」(117ページ)を使います。

具体的には、純クリーム石鹸と水素パウダーを混ぜて洗顔する方法です。

まず、機能水を顔全体にスプレーします。乾いた手に水素パウダーを取り、いつもより少し多めの洗顔料と混ぜ合わせて顔全体に乗せ、10~30秒置きます。その後、濡れた手でクルクルとマッサージしてぬるま湯ですすぎます。

クルクル、すすぎ、拭き取りの際は、摩擦には十分注意し、優しく行うのがポイントです。乾燥肌の方は、時間を置かずに洗顔しましょう。

なお、機能水とは、特殊技術で開発したマイナスイオン100%の水のことです。界面活性剤などの薬品を使うことなく汚れを浮き上がらせ、落とすことができます。

その人に合ったプランこそが解決への近道

カウンセリングこそがケアの要

フェイシャリストやエステティシャンはたくさんいますが、誰がやっても同じ結果が出るわけではありません。自画自賛で恐縮ですが、私は平均のエステティシャンの半分～4分の1くらいの期間で効果を出しています。

なぜ、そんなことができるのか？　その鍵を握っているのが最初のカウンセリングです。

「同じような肌」はあっても、「同じ肌」はありません。刺激の強いものをつけても、いい加減な肌の手入れをしても、影響を受けない丈夫な肌の人もいます。一方で、とても薄くて脆《もろ》くて、敏感な肌の人もいます。敏感な肌の人は、レーザーや光を当てる治療によってダメージを受けてしまうケースも多いのです。

私は、その人特有の原因を突き止め、その人だけに合った方法を見出すことで、早い結果を出しているのです（もちろん、お客様がどのくらいしっかり自宅でやっていただけるかにもかかってくるのですが）。

強い刺激を与える治療は、効果のある人もいれば、向かない人もいます。ですから、同じように見える肌の悩みでも、私は一人ひとりを見て、「あなたにはこちらのほうが無難ですよ」などと話します。

まず年齢相応の正常な肌（健康な肌）について説明した後、その人の肌の状態を説明します。そして、悪くなった原因を詳しい問診から探り出し、「おそらくこういうことが原因で今の肌がある。このダメージを受けた肌のまま歳を重ねるとどうなるか」という説明をします。

私は初回のカウンセリングに1～2時間かけます。お客様の肌が、なぜこのようなトラブルを起こしたのかを知るために、食生活も含めたライフスタイルを伺うので、どうしてもそのくらいの時間がかかるのです。お客様自身が日常生活で何をしたらいいのか、私自身が施術で何を使い、何をしてあげるのがベストなのかを調べるための問診です。

話を聞くことから、十人十色の肌質や肌環境に合わせてアドバイスをして、今後の方針を決めていきます。

その方針も、その方がどこまでできるかはわかりません。ですから本人に寄り添い、極力ストレスにならないように立てていくようにしています。

肌質・肌環境を知るための「年表」を作る

本当にトラブルの度合いが高い人の場合、私は「年表」を作ります。私のところに来るまでの年表です。症状が現れ始めた頃や紆余曲折の経緯など、それぞれの時期に何があり、何をしたのかなどを細かく聞くことで肌トラブルの原因が見えてきます。

たとえば、テニスをして日焼けした人が、少し強めのアルコール成分の入った化粧水を半年使っていた時期があったとします。それがわかれば、シミの発症の原因もわかるのです。

お客様の記憶から抜けていたことでも、「もしかして○○メーカーさんの××化粧品を使っていた時期はなかったですか?」と聞いたところ、後からそうだったと判明し、原因が究明できた、ということも少なくありません。

いわゆる「オイリー肌」の人の肌が荒れたとします（実際の肌は、Tゾーンは脂っぽく、他は乾燥しやすいなど「コンビネーション」の状態ですが、一般的には「肌質」を「オイリー」「ノーマル」「ドライ」と分けるので、ここでも便宜上、そう書きます）。もともとは皮脂分泌が高いのに、何かをしたために皮脂分泌機能が止まってしまった、というケースです。

これは、もともとはよい作物を実らせる豊かな土壌だったにもかかわらず、工場の排水が流れたために土壌が汚染されてしまった、あるいは台風や洪水で打撃を受けたようなものです。こういう状態を私は「肌環境が変わる」と表現します。いつ、何が原因で肌環境が変わったのかを知らなければ、適切な対処はできません。それを知るための年表です。

一人ひとりにプランを作る

私は一度も同じ施術をしたことはありません。カウンセリングの後は、少し元気づけるべき肌なのか、逆に鎮静に徹したほうがいい肌なのか、もしくは少しずつ栄養成分を入れたほうがいい肌なのかといった、ある程度の目安となるプランを作って渡します。

「あなたに提案できるのはこれです。この中で、できることとできないこと、比較的頑張れるものとに分けてください」と言い、お客様ご自身で判断してもらいます。できることから少しずつやっていくことが、ストレスなく続けられるコツだからです。

もし少しでもアレルギーの症状が出ていたら、確実に炎症を起こすので、一切の刺激はしません。その炎症を鎮めるのに、「一番あなたの肌に害がなく、効果的なものはこれです」と伝えます。「それを1週間試して、これは効果があるなと思ったら来てください」とお伝えします。

方針を決めて、一歩踏み出したら、また肌の様子を見る。また一歩進めたら、また見る……というように、肌の受け入れ度を見ながら微調整していきます。活性している肌は、少しのことても炎症が増幅する可能性があるからです。

そして、最初の方針は、肌の反応によって変えていくことも伝えます。お客様が反応に一喜一憂して、改善が遅れるのを避けるためです。初回に提示するのは、あくまでも仮説であり、それに肌がどう反応するかを一つひとつ見極め、それに合わせた対処法を駆使しながら進めていきます。

プランの中では食生活も重視していますが、基本的には安全な食品で栄養を摂ってもらいます。サプリメントを摂る場合は、足りない分だけを必要最低限でお伝えします。

心と身体を預けてくださった人の改善は早いです。

短い人は1週間ぐらいでかなりの変化が現れます。長い人でも1カ月から3カ月ぐらいで変化を感じられます。

疑心暗鬼な人ほど1週間や10日で何も起きないと、自分には向いていないと結論を出してしまいがちですので、そういう人には最初の段階で「期待感」を持たせ、成功スイッチを入れるようにしています。

私のサロンに来た人には、これまでいろいろお金をかけてもダメだった人も多く、ここでまた長い時間をかけて紆余曲折すると、それがストレスになってしまいます。薬を使い続けてきた肌であるほど治りにくく、こちらもひと筋縄ではいきません。これまで何度も落胆してきた人は信じていないのがわかるので、早い段階で肌の変化を感じてもらい、「成功スイッチ」を入れる必要があるのです。

メンタルをプラスにするために具体的に水素を使ったりケイ素を使ったりデトックスをしたりして効果を出すなど、それぞれの症状別・環境別ですが、スイッチの入れ方は性格でも違ってきます。

サロンでの私の施術

お客様ごと、部位ごとに肌を見極め、施術を変える

サロンには、さまざまな年齢層の方々が来られますが、とくに肌トラブルを抱えた方が多いです。

たとえば、年齢による悩みで多いのは、シミやたるみです。シミを排出し、肌細胞を若返らせるには、遅くなったターンオーバーを円滑にする必要があります。その際に使用する美白成分や高濃度の活性成分は、単にこれらを使えばよいというわけではなく、その使い方とさじ加減が重要になりますので、顔の中でも部位ごとで塗り方を変える方法をお伝えしています。

またサロンの施術では、ピーリングでターンオーバー促進の手助けをするのですが、ピーリングのやり方一つとっても十人十色、部位ごとに肌を見極め、変えています。

さらに、高純度水素を皮下深くに打ち込む、究極のエイジングケアによって、老化やトラブルの原因である活性酸素自体を除去し、真因を打ち消していきます。この施術により、シミや

たるみの改善スピードがかなり早まります。

トラブルがシミやアレルギーやニキビであっても、あくまでも肌の主役は常在菌ですので、肌や彼らに負担となる成分や施術は一切しません。どのトラブルも、活性酸素が大きな要因の一つになっていますので、あらゆる場面で水素を活用しています。

また活性生プラセンタは、肌と微生物にとって、最も栄養バランスの取れた食事のようなもの、ターンオーバーが促進され、健康な肌への近道になります。

とくに、アトピー、アレルギー、敏感肌など、難航していた肌への救世主になっています。

私の肌改善のゴールは「健康で美しい肌」です。その中心軸は、肌や常在菌に負担となることは一切せず、むしろ肌が安心するケアを行うことを大切にしています。トラブルを持った肌細胞は、常に警戒状態にあります。そこをなだめ、安心させるための「特殊な水」を開発し、これまで手に負えなかった症状もいち早く安定させることができています。

リンパマッサージ

フェイシャルのお手入れで摩擦は厳禁ですが、サロンではリンパマッサージも施します。顔面に走るリンパに沿って老廃物を流し、血流をよくすることが目的です。

本来は静脈と動脈を通って栄養が細胞に行き渡り、栄養を得た組織細胞が老廃物を出し、それをリンパが回収して、便や尿、汗で体外に排出されるのですが、その流れが悪くなって詰まると、老廃物が組織間に流れ出してしまいます。その老廃物が溜まってセルライトになるわけです。マッサージは、溜まった老廃物を回収してリンパ液を流すことを目的としています。カチカチのセルライトをほぐす痩身の作業とは違い、きわめて弱い力で、とてもゆっくりやるマッサージです（顔のタイプによっては、少し筋肉を刺激することはあります）。

私のマッサージは、エネルギーの高いオイルを使って行います。ケイシー療法を用い、中枢神経と脊柱を流していく方法です。

身体のいろいろな不具合は自律神経に関与しているという考えで、オリーブオイル（エキストラバージン）とピーナツオイルをブレンドしたオイルを使い、脊柱の神経節をマッサージすることで、骨格矯正をするのです。ピーナツオイルは筋骨格を、オリーブオイルは皮膚免疫なので、ブレンドしてどちらにも効くようにしています。

自律神経と中枢神経に働きかけて、体内の乱れと不具合を調整していくのです。

私は完全オーガニックで無添加の、実際に飲めるものしか使いません。ＪＡＳ（日本農林規格）の基準は、ＩＯＣ（国際オリーブ協会）の基準よりもゆるいため、世界基準ではエキストラバージンオリーブオイルの条件を満たしていないオイルも、「エキストラバージンオリーブオイル」と謳って販売されています。しかし、私は１００％のエキストラバージンオリーブオイルでマッサージをしています。

エネルギーの高いオイルを肌から入れていくことで身体中が整って、身体中の血液やリンパ液の巡りをよくしていくのです。自然治癒力を取り戻して、細胞が喜ぶ状態にするには、体内の循環はとても大切です。

サロンで実践している「心の勉強会」

私のサロンでは、「心の勉強会」を開いています。これは技術や知識はもちろん、どういう心持ちでやるかを重視している私の中心軸ともいえる勉強会です。

技術の善し悪しも、究極的にはエステティシャンの人間性にかかっています。お客様は一人ひとり違うので、テクニックとノウハウだけではうわべだけの対応になってしまいます。一番大切なのは「ものの見方や考え方」。それがそのまま、その人の手を通し、お客様の肌に「結果」として現れます。エステもまた、小手先の技術ではないのです。つまり「人としての成長」が、そのままプロとしての成長につながります。

常に明るく生きること、愚痴を言わないこと、感謝すること、積極的に行動すること、常によい「波動」を保つように心がけること……そんなことを勉強し、お客様の肌の細胞に向き合っていくための心の素地を作っていきます。

どんな出来事でも、それ自体に「よい」「悪い」はなく、自分が「どう認識するか」にかかっています。とくに、都合の悪いことであっても、決して目を逸らさずに素直な目で見て向き合うこと。それが、お客様に応対するときの姿勢にもはっきりと現れます。

勉強会に限らず、私のところのエステティシャンには、トイレの掃除から施術室の清掃まで毎日、徹底的にやらせています。外せるところは外し、どかせるものはどかし、見えないところまできれいにしてもらいます。床もピカピカに磨き上げてもらいます。

そういうことを続けている効果として、サロンを美しく清浄に保てるということのほかに、私のサロンがコンテストで幾度となく日本一を受賞したことにもつながっています。それは、気づきのレベルが上がり、お客様の肌の変化を敏感に察知できるようになります。

徹底して掃除や整理整頓をするのは、それを通して本当に汚れているところに必ず気づくからです。

汚れを取り除く必要があるのは、手を抜こうとしたり、見ないふりをしたり、愚痴を言ったりする自分の心なんだと、掃除を通して「心の汚れ」に気づけるからです。

「心」は取り出して磨くことはできないですから、身の周りのものを徹底的に磨くことで間接的に心を磨くことができる、という信念があるからです。

各界の パイオニア との対談

私は長年の肌の研究の中で、
さまざまな情報に触れ、
自分のメソッドを構築してきました。

これまで私がとくに学ばせていただいている
3名のパイオニアの先生方からお話を伺いました。

それぞれご専門の見地から、
肌と身体の健康のためのアドバイスについて
お話しいただきましたので、
読者の皆さまも参考にしていただきたいと思います。

水素の健康効果を世界で初めて発見！

太田成男先生（日本医科大学名誉教授、順天堂大学客員教授）

岩永　肌トラブルの中でも、アトピー、アレルギー、とくに繰り返すニキビの方は、生理が定期的に来なかったり、冷えで生理痛がひどかったり、筋腫があったりすることが多いのです。以前は化粧品や生活習慣を変えていただくことで解消していたのですが、ここ10年ぐらいは年々ひどくなっていくことを実感しています。

5年ぐらい前から、いろいろな方法で水素を取り入れて、皮膚上の活性酸素や酸化皮脂を取ったり、サロンケアやホームケアで水素を取り込むような工夫をしていただいたりして、少しずつ改善するようになりました。そして難治療の方への施術を続けているうちに、最近の皮膚疾患に対しては、水素が必要不可欠ではないかと思い至ったわけです。実際、今は水素を取り入れた施術で、多くの方に喜んでいただけています。

水素の健康効果について、先生は10年以上も前に、高名な医学誌上に論文を発表されました。世界中で研究が行われるようになったのは、そのときからですよね。

太田　私たちが論文を発表したのは２００７年、今では１６００もの論文が発表されています。それ以前には、水素は哺乳類生物には何の効果もないというのが定説でしたので、私たちの論文は驚きをもって受け取られました。13年たった現在も、水素には何も効果がないはずだと思い込んでいる研究者もいるぐらい、斬新な発見だったわけです。

岩永　あらためて、水素の特徴について教えてください。

太田　水素の特徴は、副作用がないため安心して使用できることと、重症の病気から健康増進まで、非常に幅広い範囲で応用が可能なことです。ここでいう水素は、水素分子、あるいは分子状水素のことで、化学式ではH_2です。一般に知られる水素ガスと同じものです。

岩永　水素の効果を発見するまでの経緯を教えていただけますか？

太田　私は長らくミトコンドリアという細胞内小器官の研究をしてきました。エネルギーを作る私たちの生命を維持するのに、ミトコンドリアは必須の細胞内器官です。ところがミトコンドリアは、エネルギーを作ると同時に活性酸素も作り出し、老化の原因にもなります。

岩永　ミトコンドリアには、よい面と悪い面の両方があったということですね。

太田　はい。そこで、この活性酸素の害を何とかできないかという動機が、水素の抗酸化作用という発見につながりました。

今では、水素には、抗酸化作用だけではなく、炎症を抑制する作用、エネルギー代謝を活発にする作用、アレルギーを抑制する作用、細胞死を抑制する作用など、多くの作用があることがわかってきました。そのために、救急医療から生活習慣病までの多くの病気に対して、水素を活用することへの期待がもたれています。

岩永　活性酸素の害を抑制するという研究目的が、水素のさまざまな活用につながったわけですね。これは、健康にとっても、美容にとっても、本当に朗報だと思います。日本では超高齢社会を迎え、多額の医療費が経済的な問題になっていますが、そういった面についても貢献が期待できますね。

太田　従来の西洋医学の考え方では、医薬品は「特定の臓器に、特定の効果を示す」ことが基本でした。けれども高齢者は人生の営みを長らく続けてきたわけで、心身ともに、そこここで経年劣化が起きているわけです。悪いところが1カ所だけあって健康に影響が出ているわけではなく、複数の原因が積み重なって健康被害が生じているのです。

あちこちに生じている健康被害に対応するために多くの医薬品を服用する方が多いのですが、多くの医薬品は根本的な原因を解決するのではなく、対症療法にとどまります。また、そういう医療品の使い方は、高額な医療費へとつながっているのです。
水素には身体の酸化を抑制する根本的な作用があります。病気につながる炎症やアレルギーを抑制し、エネルギー代謝を活発にするわけですから、根本的な治療ができるうえに、医療費の軽減につながります。また、医薬品の副作用も少なくすることが可能だと思われます。しかも、最近では、水素には予防効果もありそうだということもわかってきました。さらに、スポーツの後の疲労改善効果があることもわかり、病気だけでなく、健康増進にも寄与できることがわかってきました。もちろん、美容効果への期待も高まってきています。

岩永　美容への効果に関心を持つ女性は、とても多いのです。もう少し、詳しく教えてください。

太田　皮膚における炎症は、シミ、シワの原因になります。その炎症を抑制できる水素は、美容分野にとっても大きく貢献することは間違いありません。岩永先生も「水素は、体内に入れることで、炎症、糖化、酸化を抑える、いわば『火消し役』なのです」と書かれていますが、この結果は、これらの多くの研究によって明らかにされたものです。この「火消し役」によって、美容への使用も非常に期待されていますね。

岩永　でも残念ながら、お客様の中には「水素なんて、効果があるの?」と疑う方もいらっしゃいます。

太田　わかります。医師の中にも「〃エビデンス〃がないと、効果がわかったとはいえない」と言う人がいます。けれども、〃エビデンス〃はあくまでも平均の効果を意味しているのです。

美容への効果も個人差が大きいため、むしろ一人ひとりの状況に応じて判断することが大切だと思います。その一方で、自分だけの判断では、独りよがりになる可能性もあるでしょう。ですから、美容への経験がある人の意見を傾聴するといいと思います。

岩永先生は、「少なくとも現段階では水素がベストです」とおっしゃっていますよね。私も多くの研究結果から、「水素がベスト」だと確信しています。多くの方に、水素を正しく理解して使い、健康で美しくなっていただきたいと思っています。

岩永　肌の「酸化」＝「老化」という観点からも、水素はアンチエイジングに欠かせません。私もお客様の肌の悩みを解決し、美肌を追求するために、水素を活用し続けたいと思っております。

子宮や腸を整えて肌をきれいにする方法

池川 明先生（池川クリニック院長）

岩永　この10年間ぐらいで、肌トラブルでは難治療の症例が増えています。その原因には、女性の子宮なども関連しているのではないかと思うのですが、池川先生には、子宮とか、女性ホルモンとか、女性特有の問題について伺えればと思います。

今、不妊治療をする若い女性が非常に増えています。私たちが若い頃には、それほど多くなかった気がするのですが、いかがでしょう。

池川　我々が若い頃は、20代前半で結婚・出産するのが一般的でした。でも今は、30代で妊娠したいという人が普通で、40歳を過ぎて初めて不妊治療を始める方がとても多いのです。けれども年齢が上がっているぶん、かなりダメージが起きています。

肌トラブルだけではなく、私の知り合いで自然出産を試みている医師のグループがあるのですが、その先生方が一様に「最近、無事に産まれないよね」と言っています。

いろいろな捉え方があるのですが、まず、産む力が弱くなってきています。私はストレスが原因の一つだと思います。電磁波、環境汚染物質、化学物質などで活性酸素ができることは知られていますが、ストレスも活性酸素を発生させる要因の一つです。ただ、ストレスと科学的な物質の重みづけはわかっています。瞑想でダウン症の症状を緩和する上田サトシさんが言うには、「瞑想はとても身体によく、出産にもいい」そうです。出産には何が影響するのかを聞いたところ、化学物質、電磁波、添加物が1だとすると、母親の気持ちが100くらい影響するそうです。

岩永　それらの影響が、悪い波動として羊水に共鳴し、ダメージが増幅しているのではありませんか？

池川　それはあると思います。ダメージが遺伝子の振る舞いを変えてしまうのです。「エピジェネティクス」という言葉があります。エピジェネティクスによれば、胎内の環境、食べ物、電磁波も含めたいろいろな環境物質と、母親の気持ちでお腹の中の赤ちゃんの遺伝子の振る舞いが変わってしまうそうです。あくまでも推定で、動物実験ではある程度結果が出ていますが、まだ人間で確認されてはいません。おそらく30年後には、ごく普通にいわれていることでしょう。

岩永　母親の胎内環境や、母親の感情がポイントだということですね。

池川　とくに妊娠初期（4〜6週）には遺伝子がどんどん赤ちゃんの身体を作り、日替わりで機能が変わっていきます。その時期に、母親が怒りや不安という感情を抱いていると、もし遺伝子コードに異常が出る情報が書き込まれていれば、情報がONになってしまう可能性が高くなります。ONになったままRNAが転写されてリボソームへ行ってタンパクを作ると、たとえば心臓に穴が空くような状況や、手足の成長が悪くなるような状況ができてしまうのです。母親がとてもハッピーであれば、おそらくそういった遺伝子がOFFになるだろうと推定されます。

精子は少ないミトコンドリアで動きますが、男性がダメージを受けていると働きが悪くなります。ところが水素を摂っていると働きがよくなります。

卵子にも膨大な数の遺伝子があり、ミトコンドリアも10万個ぐらい入っていて、これが元で赤ちゃんが成長するわけですが、妊娠中にストレスがあると、排卵の3カ月前からその影響を受け、受精しづらくなります。受精したとしても、母親のストレスが毎日入ることでダメージを受け、流産しやすくなります。多くの流産はまだ妊娠とわからないほどの時期が多いです。不妊症が増えている原因は、そのあたりにもあると思います。

岩永　今の女性は相当ストレスを溜めていて、それが肌にも出ているわけですね。

池川　子宮の具合もよくありません。ストレスがあると月経痛はひどくなります。月経はデトックスなのに、その認識がなく「生理痛がひどい」と訴える人が多いのです。

子宮に話しかけて、痛みが和らぐ場合があります。臓器を意識すれば、血流が増えるからだと考えられます。子宮にはそれぞれ子宮動脈と卵巣動脈の2本の動脈が入っていいます。本来は太い血管ですが、それがストレスで狭くなり、栄養や酸素が入りにくくなっていいます。また、血液は体温を送り込むのですが、子宮が冷えているため、血液の流れが悪くなり、デトックスがしにくくなっていると考えられます。

子宮に話しかければ、血管が開き、血流が増えます。免疫力も上がります。カイロなどで子宮を外から温めようとしても、深部だからそれほど温まらないのですが、話しかけると結果として子宮が温まります。

岩永 話しかけるだけ？ それはすごいです。

池川 帯津三敬病院にいらした土橋重隆先生は、著書の中で、卵巣がんの人にはこだわりがある人、頑固な人が多いと、性格と病気の関連性を指摘しておられます。私が子宮筋腫の人を調べたところ、「男の子がよかった」と言われていた人と、「橋の下で拾われた」と言われた人が多かったのです。男社会の中で女性性を否定している人、男に勝たなきゃ、女で損したという人も、筋腫になりやすい。そして、「私、女でよかった、生まれてよかった」と考え方を変えた人は、筋腫が消えた人が少なくないのです。こんな例もあります。「まごはやさしい（豆・ゴマ・ワカメ・野菜・魚・シイタケ・

イモ）」を基準に、天然の無添加・無農薬の食事を完璧に守る妊婦さんがいたのですが、意外にもお産がこじれたのです。不思議に思ったのですが、「こうじゃなきゃいけない」という思いがいけなかったようです。「本当はこっちが食べたい」という思いを抑えたことがストレスになったのですね。ですから、今は、「適当に食べたら」と指導しています。

岩永　ストレスを感じない生活を送るほうが大事だということですね。

池川　ええ。ハッピーでいると、小腸でセロトニンが作られますからね。

岩永　肌にも同じことがいえると思います。

池川　γ《ガンマ》・δ《デルタ》T細胞という免疫物質を作る細胞が小腸にあるのですが、これが食品添加物などの石油化学成分で簡単に壊れてしまうのです。そして皮膚のＩｇＡ（身体を守る免疫システムの一つ）に影響します。肌がきれいな人を調べてみると、ＩｇＡが多いのです。一方、アトピーの人にはありません。それが、腸ととても関係しているのです。ですから、腸をきれいにすると、肌がきれいになるのです。

　私の近所に内視鏡が得意な先生がいたのですが、突然、内視鏡検査を止めてしまいました。止めた理由は、腸の中のきれいさが肌と同じだとわかったから。肌を見れば、腸の中がわかるということですね。

妊婦が油ものを食べれば、脂溶性の添加物が体内に蓄えられます。それが、授乳によって外に出て乳児の体内に入ります。脂溶性のものは本来なら肝臓を通って胆汁で便に排出されるのですが、乳児の肝臓は未熟なので、肌から排出されます。とくに油ものは、顔から排出されます。

岩永　大人は排便が大切だということがわかります。

池川　妊婦さんには便秘の方が多く、一度便に出しても、腸肝循環でまた戻ってきてしまう。意図的に出さないと、戻ってきて腸を傷つけ、肌が汚くなり、赤ちゃんにも影響するという形になります。一方で母親のストレスは羊水を汚し、羊水の結晶構造も乱します。また、活性酸素を作り出し、健康を害していきます。ですから、妊娠する前に出産・育児ができる身体づくりや意識の向け方を学んでから、赤ちゃんを作ってほしいですね。

だからといって「あれはいい」「これはダメ」ではストレスになるので、「これ食べるといいよね、でも時々、悪いものもいいよね」くらいに言っています。そこで、活性酸素を除去するのに、水素がいいとおすすめしているのです。

岩永　気持ちの持ち方を指導することは難しいですよね。下手に指摘すると「責められている」と思ってしまうお客様もいます。

池川　お腹の赤ちゃんとの対話、あるいは自分の魂との対話ができると、自分は自分でよかったと思える瞬間がある。そうなると、かなりよくなると思うのです。常に「相手が」と人のせいにするとか、「私なんて」と卑屈になるような思考では、どんどん細胞が傷ついていきます。

　自分自身を上から見下ろす感じがいいかもしれません。悩んでいる自分を10階から見下ろして、「あなたどう思う?」と聞いたら、「小さな悩みなんか、どうでもいいか」と思えるでしょう。それがだめなら、今度は、富士山の上からとか、月からとか見たらいいですね。

　私は患者さんには、「イライラする自分でもいい」とか「添加物を食べたくなったら、赤ちゃんに聞いて。赤ちゃんがいいって言ったら食べたら?」などと伝えています。食べたい物を我慢していると、出産後、反動で食べまくるからです。

岩永　どうすればストレスを感じずにハッピーでいられるでしょうか?

池川　腸を傷めるとセロトニンが出てこないため、幸せ感が出てきません。セロトニンを作るには、銅、鉄が必要です。妊娠中は鉄が少ないから、幸せ回路がうまく働かないのです。ビタミンやミネラルも、ストレスがあると吸収が悪くなります。

　肌を見ていると、感情もわかりやすいですよね。きれいになってきたら、ちょっと穏やかになってきたかな、とか。

とくに若い人たちの肌は、心の指標になります。表面的にきれいになっても、また肌は荒れてきます。お肌が一つの心の表れだから、楽しく生きようね、肌がきれいなときは生き方がきれいだよ、と伝えるといいでしょうね。

「エドガー・ケイシー療法」との出合い

光田 秀先生（NPO法人日本エドガー・ケイシーセンター会長）

岩永　私はデトックスの一つとして、「ひまし油湿布（温熱パック）」（89ページ）を取り入れています。これを考案したエドガー・ケイシーについて、あらためて教えていただけないでしょうか。

光田　エドガー・ケイシー（1877〜1945）は20世紀前半にアメリカで活躍していた、傑出した霊能者です。私はケイシーを知るまではまったくの唯物論者でしたが、彼は催眠状態に入るだけで、相談者に病気の原因と治療法を与え、科学者に専門のアドバイスを与え、政治家に政策の助言をするなど、唯物論ではあり得ない能力を現実に発揮しました。ケイシーが催眠状態で語った「リーディング」は時代を超越した、きわめて高度の情報です。これには誰もが驚嘆することと思います。

岩永　ケイシーのリーディングはアメリカのエドガーケイシー財団に保管されているのですよね。

光田　ケイシーがもたらした膨大な情報の中でも、私の人生観・世界観を一変させたのが、人間の霊的本性に関するリーディングでした。彼は宗教上の教義として「人間の魂が輪廻転生する」と言ったのではなく、相談者の過去生をリーディングで明らかにし、その情報をもとに、今回の人生をいかに生きるべきかを導きました。実際、彼のアドバイスに従って生きると、人生が見事に充実するのです。

我々の本体である魂に「死」はありません。無限の過去から存在し、無限の未来に向けて存在し、永遠に成長、発展していくのです。私はケイシーを知れば知るほど、人間は単なる肉体的存在ではなく、その本質は永遠不滅の高貴な魂であると確信するようになりました。そして今回の人生はケイシーの研究を普及に費やそうと決心し、40年間、私はケイシーの研究と普及啓蒙ひと筋に生きてきました。ありがたいことに徐々に認識と関心が高まり、２０１８年には映画『リーディング』も完成、ますます多くの方にケイシーの福音を届けられるようになりました。

リーディングは、記録に残されたものだけでも1万４３０６件ありますが、その7割が病気の治療や美容健康法です。

岩永　美容法や健康法が多いのですね。

光田　はい。これらを研究すると、今日の医学が有効な治療法を見出していないさまざまな難病にも、有効な治療法を得られます。実際、これまで末期がんや認知症、神経系の難病、重度の皮膚炎が見事に治癒した例をたくさん知っています。

美容についても、ケイシーは根本的なところからアドバイスを与えています。たとえば、私は60歳を超えましたが、今でもちゃんと黒い髪をキープしています。30代で一度ハゲかけた私を知っている人から見れば驚きです。

岩永　それはすごいですね。エドガー・ケイシーの基本原理と美容健康法について、もっと具体的に教えてください。

光田　大きく捉えると、ボディ・マインド・スピリット、つまり肉体・精神・魂の3つの次元から考えます。いくら高価な化粧品を使っても、心の中に不安や妬みや怒りなどが渦巻いていたら、オーラがくすんでしまいます。魂がうららかであれば、分泌腺がよいホルモンを出し、肉体を内面から輝かせます。

美容や健康については、CARE（ケア）という原理で考えます。

CAREのCはCirculation（循環）です。血液・リンパの循環、そして神経の循環がうまくできているかを調べます。ここにトラブルがある場合は、ケイシー療法では「オイルマッサージ」や「首だしサウナ」などを行います。神経の流れにトラブルがあれば、オステオパシーなどの整体をすすめます。

CAREのAはAssimilation（同化）です。同化・吸収が適切にできているかどうかを調べ、対策をします。具体的には、腸内環境を乱すような食べ物、食べ方をしていないかを調べ、適切な食事を心がけてもらいます。食事療法は情報量が多いので、詳しいことは本を読んでいただくのがいいですね。私も『エドガー・ケイシー療法のすべて1』（ヒカルランド）という本に書いています。

CAREのRはRest/Relaxation（休息／リラックス）。質のよい休息・休眠ができているかどうかを調べます。そこに問題があれば、いくつかの方法で休息休眠の質を上げてもらいます。

一番問題になるのが、CAREのEです。これはElimination（排泄）で、体内毒素の排泄です。体内の老廃物を速やかにきちんと排泄しているかどうかを調べ、ここに問題があれば、いろいろな方法でこれを改善します。定番は、岩永先生もおっしゃった「ひまし油湿布」と「腸内洗浄」でしょう。実際、これによって、さまざまなトラブルが劇的に改善することが多いのです。「肌のくすみが腸内洗浄できれいになった」「便秘が解消され、肌がきれいになった」という人はたくさんいます。

実際には、このCAREを組み合わせて、螺旋的に改善させます。

岩永　CAREという言葉が「ケア」だけでなく、それぞれの文字に意味があることがわかりました。基本的に、この4点から取り組むということですね。

光田　はい。ですが、局所的に少し特殊な治療法をすすめるケースもあります。
たとえば、髪の毛が薄いケースでは、原油を使ったトリートメントを、ホクロやイボなどには「重曹と樟脳精《しょうのうせい》」の組み合わせを、フケ症の人には「いいちこ」のような麦焼酎で頭皮をマッサージすることをおすすめします。バストを大きくしたい人には、ココアバターによる少し特殊なマッサージなどをおすすめします。
ケイシーの時代にも美容や健康に悩みをかかえる人がいろいろいましたから、膨大な量のアドバイスが残されています。知らないのはもったいないことです。

岩永　私は長年、美容に携わってきましたが、この10年ぐらいで難治療の方が増えていることを実感しています。光田さんはいかがでしょうか？

光田　私もこれまで40年にわたっていろいろな方々の相談を受けて来ましたが、現代日本ならではのトラブルがありますね。肌のトラブルについても、ケイシー療法的な観点によれば間違っていることを一生懸命にしている方を多く見てきました。
たとえば健康によいと思ってトマトをたくさん食べている方が多いのですが、ケイシーは、一般に皮膚の弱い人は、ナス科の野菜、つまり、ナス、トマト、ジャガイモ、パプリカ、ピーマン、唐辛子は食べないようにと主張します。現代の栄養学的にいうなら、ナス科の野菜は「レクチン」という化学物質を多く含むので、それが腸壁を傷つけ、アレルギーを起こしやすくさせるのです。ですから、私は皮膚の弱い人にはまず「ナス科の野菜、とくにナス、トマト、ジャガイモは禁食にしてください」と言います。

豆類の食べすぎもよくないのです。健康によいと思って、豆乳や豆腐をたくさん摂る人がいますが、豆にもたくさんのレクチンが含まれますから、皮膚の弱い人には向かない方法です。微生物の力でレクチンを破壊した発酵食品ならいいのですが、そうでない豆類はあまり食べすぎないことです。

意外に多いのが、玄米と根菜類による肌のトラブルです。もともと肌の弱い人は、玄米を消化することができません。せいぜい五分づきくらいにしないと、消化は無理です。また、根菜類が多いと肌の色ツヤがくすみます。ケイシーは、根菜1に対して葉物の野菜を3の割合が理想だと主張しています。

肌の色ツヤを回復したいなら、ランチは基本的に新鮮な葉物野菜をサラダで食べるのがベスト。中でも、クレソン、セロリ、レタス、ニンジンが最良です。また、野菜のビタミンを効率よく体内で活用するにはゼラチン質が必須なので、ゼラチンをよく摂るように心がけてください。もちろん、手に入れば有機野菜がいいでしょう。

岩永　食べ物以外ではいかがでしょうか。

光田　化学成分で肌にトラブルを起こしている人も多いのです。化粧品の化学成分もそうですが、石鹸やシャンプー、さらには生理用ナプキン、トイレットペーパーに含まれる化学成分で肌が荒れている人もときどき見かけます。いつから肌の調子が悪くなったかを突き詰めると、使い始めたトイレットペーパーだったり、シャンプーだったりと、原因が見つかることがあります。

岩永　自分の食生活や腸内環境、毒素排泄がうまくいっているかどうか、ケイシーの方法ではどのように知りますか？

光田　私はよく「ウンコでわかります」と言います。ご自分の便を観察し、健康的な便が出ていれば、きっと腸内環境は良好で、食事も身体に合っているはずです。便の色、ツヤ、臭い、太さを確認してください。理想的には水に少し浮くぐらいがいいのです。健康的な便なら切れがいいので、ペーパーもほとんど使わなくて済みます。いつまでも拭かないとお尻がきれいにならないなら、それは食事が悪く、腸内環境がよくない証左です。

　便での判定はお金がかからず、毎日確認できるのですから、一番のおすすめです。そして、毎日きれいな便が出るように、日頃の食生活や生き方を工夫することができます。

岩永　どのトピックも、すべて肌の治療と深くつながっていますね。

光田　読者の皆さんの美容健康にエドガー・ケイシーの情報が役に立つことを願っています。宇宙の祝福が皆さまの人生に豊かに注がれますように！

おわりに

私は幼少の頃から超敏感肌でした。皮膚が薄く、毛細血管が見えるクーパーローズもありました。海水浴もプールもダメ、温泉もダメでした。急激な温度差や湿度差にも、敏感に反応し、金属アレルギーもありました。肌に触れる布も、化学繊維はほぼダメです。木綿などの自然素材はいいのですが、綿ではない縫い目の部分でかぶれていました。

社会に出てからは、美容師になりました。美容師は、たくさんの強い薬剤を使います。一日30人ぐらいにシャンプーをするのですが、無防備状態で強い化学物質の入ったシャンプーを使っていたため、皮膚が溶けて手の骨が見えていました。大学病院の皮膚科の先生たちから仕事を辞めるようにと言われたほど、ひどい状態でした。

22歳で独立して、東京で自分の会社を持ったのですが、自分で開いた美容院とエステティックサロンには、合成界面活性剤の入っていないシャンプーや無添加の化粧品を入れました。といっても、納得のいく製品はなかなかありません。

美容室なのに、お客様に「あんまりパーマはかけないほうがいいですよ」とか「染めないほうがいいですよ」などとアドバイスし、卸業者からは「先生、そこまで店のシャンプーにこだわっても、お客さんは家に帰れば普通のシャンプーで洗うんだから意味ないよ」と呆れられましたが、それでも自分のこだわりは捨てませんでした。うちのスタッフには手荒れがないというのが自慢でしたが、一般的には手荒れで辞めていく美容師は後を絶ちません。そのこだわりに共感してくださる方が増え、広告を出していないのに、行列のできる店になりました。

けれども激務のせいで、とうとう身体を壊してしまったのです。漢方も含めて一日120錠ぐらい薬を飲んでいたことも。そして救急車で運ばれるまでになり、そのとき私は薬を全部捨てました。そして、そこから「免疫療法」を学びだしました。それが今の私の考え方につながっています。

そういう経緯の中、大手メーカーの化粧品に疑問を感じ、自分で製品を開発するまでになったことは本文に書いたとおりです。40年以上、試行錯誤を続け、今では日本国内にとどまらず、外国からも有名人が訪れてくださるサロンを続けることができています。

この本をお読みになった方が、身体の常在菌を元気にすることを通じて、肌も健康に美しく保ってくだされば、これほど嬉しいことはありません。

最後になりましたが、ここに至るまで私を支えてくださった太田成男先生、池川明先生、光田秀先生、そして本書出版にご協力いただいた現代書林の浅尾浩人さん、原稿制作にお力添えいただいた飯田みかさんに心からお礼申し上げます。

著者記す

参考文献

『あなたの体は9割が細菌』アランナ・コリン 著（河出書房新社）

『エドガー・ケイシー療法のすべて』光田秀 著（ヒカルランド）

『腸を鍛える——腸内細菌と腸内フローラ』光岡知足 著（祥伝社新書）

『衝撃的データが示す危険性と恐怖　合成洗剤　買わない主義使わない宣言』坂下栄 著（メタモル出版）

子ども法廷シリーズ『1　食品添加物の光と影』『2　出口のない毒経皮毒』『3　出口のない毒経皮毒―シャンプー・リンス編』真弓定夫 監修（美健ガイド社）

『ケイ素でキレイになる！』山野井昇 著（現代書林）

『ここまでわかった水素水最新Q＆A』太田成男 著（小学館）

『水素水とサビない身体』太田成男 著（小学館）

何《なに》をやってもダメだった肌《はだ》がよみがえる美肌理論《びはだりろん》

2021年9月26日　初版第1刷

著　者……………………岩永恵琴《いわながけいこ》
発行者……………………松島一樹
発行所……………………現代書林
〒162-0053　東京都新宿区原町3-61　桂ビル
TEL／代表 03(3205)8384
振替／00140-7-42905
http://www.gendaishorin.co.jp/
ブックデザイン………林真理奈（ニルソンデザイン事務所）
帯・本文写真…………武田裕介（中央公論新社写真部）
イラスト…………………栗田真里子
編集協力…………………有限会社　桃青社

印刷・製本：(株) シナノパブリッシングプレス
乱丁・落丁本はお取り替えいたします

定価はカバーに
表示してあります

ISBN978-4-7745-1901-2 C0047